참 쉬운
뚝딱 한국사

2

참 쉬운 뚝딱 한국사 ❷
고려 시대

1판 1쇄 펴냄	2022년 4월 19일
1판 2쇄 펴냄	2022년 8월 25일

글쓴이	이기범
그린이	강혜숙
감수 및 추천	서울 초등사회교과교육연구회
펴낸이	박상희
편집 주간	박지은
편집 진행	김지호
기획 · 편집	박물관북스
디자인	아이디어스푼
펴낸곳	㈜비룡소 출판등록 1994.3.17.(제16-849호)
주소	06027 서울시 강남구 도산대로1길 62 강남출판문화센터 4층
전화	영업 02-515-2000 편집 02-3443-4318, 9 팩스 02-515-2007
홈페이지	www.bir.co.kr
제품명	어린이용 반양장 도서
제조자명	㈜비룡소
제조국명	대한민국
사용연령	3세 이상

ⓒ 이기범, 강혜숙, 박물관북스 2022. Printed in Seoul, Korea.

ISBN 978-89-491-8275-9 74910 / ISBN 978-89-491-8280-3 (세트)

참 쉬운 똑딱 한국사 ②

고려 시대

이기범 글 강혜숙 그림

서울 초등사회과교육연구회 감수 및 추천

비룡소

차례

1장

010 고려가 세워지기 전, 신라 말은 어땠을까?

- 012 여덟 살에 왕이 된 혜공왕
- 014 통일 신라, 혼란에 빠지다
- 016 왕이 스무 번이나 바뀌었어요
- 018 신라인을 지키려 노력한 장보고
- 020 신라를 개혁하려 애쓴 최치원
- 022 온 나라를 뒤흔든 농민들의 함성
- 024 누구나 부처가 될 수 있다고? 누구나 왕이 될 수 있다고?
- 026 땅의 좋은 기운이 다른 곳으로
- 028 왕의 말을 듣지 않은 호족들
- 030 힘을 가진 호족, 신라를 분열시키다

- 032 단원 정리

2장

034 고려를 세우고, 후삼국을 통일하다

- 036 ● 후백제의 견훤, 후고구려의 궁예
- 038 ● 왕건, 마침내 고려를 세우다
- 040 ● 쉿! 고려를 세운 왕건의 비밀
- 042 ● 왕건과 견훤의 첫 번째 전쟁
- 044 ● 고려, 후삼국을 통일하다
- 046 ● 왕건, 스물아홉 번 결혼하다
- 048 ● 고려의 통일 이후, 왕건의 정책
- 050 ● 처음으로 과거 제도를 만든 광종
- 052 ● 유교 정신을 받아들인 성종
- 054 ● 도시 이름이 생기고 성과 본관이 생겼어요
- 056 ● 북적북적 시끌시끌! 고려 제일 무역항, 벽란도
- 058 ● 꼬레? 코리아?

- 060 ● 단원 정리

3장

062 고려, 북방 민족들과 기나긴 전쟁을 하다

- 064 ● 다가오는 북방 민족들
- 066 ● 북방 민족들이 서로 힘을 합했어요
- 068 ● 거란의 속셈에 넘어가지 않은 고려
- 070 ● 거란의 첫 번째 침입
- 072 ● 서희! 담판으로 강동 6주를 얻다!
- 074 ● 거란의 두 번째 침입
- 076 ● 거란의 세 번째 침입
- 078 ● 거란을 물리친 영웅, 별에서 온 강감찬
- 080 ● 북방의 두 번째 주인, 여진족이 쳐들어오다
- 082 ● 윤관, 별무반을 만들어 여진족을 무찌르다
- 084 ● 전쟁에 승리하고도 쫓겨난 윤관

- 086 ● 단원 정리

4장

088 내가 고려의 주인이오!

- 090 ● 왕실과 결혼하여 힘을 키운 문벌 귀족
- 092 ● 왕의 외할아버지이자, 장인어른이었던 이자겸
- 094 ● 묘청, 수도를 서경으로 옮기자고 주장하다
- 096 ● 개경파와 서경파로 나뉘었어요
- 098 ● 큰소리치는 문신, 차별받는 무신
- 099 ● 무신들의 분노가 폭발하다
- 100 ● 권력을 잡은 최충헌, 60년 최씨 정권의 시작과 끝
- 102 ● 누구나 왕이 될 수 있다! 노비 만적의 외침
- 104 ● 왕자가 승려가 되었대
- 105 ● 왕사와 국사, 누가 더 높을까?
- 106 ● 16국사를 배출한 송광사와 지눌 스님
- 108 ● 고려 최대의 행사, 팔관회와 연등회
- 110 ● 천추 태후, "나는 고려의 여왕이다!"
- 111 ● 고려 시대 여성들은 어떤 대우를 받았을까?

- 112 ● 단원 정리

5장

114 세계 최강, 몽골에 맞서라!

- 116 ● 몽골 제국, 세계를 정복하다
- 118 ● 고려와 몽골의 첫 만남
- 120 ● 몽골이 고려에 쳐들어오다
- 122 ● 김윤후, 몽골군에 고려를 지키다
- 124 ● 몽골과 끝까지 싸운 삼별초의 최후
- 126 ● 고려의 몽골 항쟁 100칸 역사
- 128 ● 짓밟힌 국토, 사라진 문화유산
- 130 ● 고려 왕자, 원나라 공주와 결혼하다
- 132 ● 몽골풍과 고려양이 유행했어요
- 134 ● 고려의 음식 문화를 알아볼까?
- 136 ● 흔들리는 원나라, 자주 국가로 거듭나려는 고려

- 138 ● 단원 정리

6장

**140 교과서보다 친절한
문화, 문화재 이야기**

- 142 ● 천하제일 비색 고려청자, 상감 청자의 시대를 열다
- 144 ● 백성들의 노래, 고려 가요
- 145 ● 고려 제일의 문인, 이규보
- 146 ● 역사를 알아야 고려를 지킨다!
- 147 ● 세계에서 가장 오래된 금속 활자 책
- 148 ● 나라를 지키기 위해 만든 팔만대장경
- 150 ● 부처와 보살을 그린 그림, 불화
- 151 ● 고려 시대의 멋진 탑
- 152 ● 고려 앞바다에 가라앉은 신안 무역선의 유물들
- 153 ● 고려 시대의 건축
- 154 ● 고려에는 어떤 학교가 있었을까?
- 156 ● 공민왕의 꿈이 담긴 성균관
- 157 ● 고려 왕 연표

- 158 ● 이 책에 실린 사진들

초등 사회 교과 연계표

「참 쉬운 뚝딱 한국사」 시리즈는
현행 초등 사회 교과서의 교과 내용을 연계하여 구성했습니다.

사회

3학년 1학기	**2단원 우리가 알아보는 고장 이야기**
	(1) 우리 고장의 옛이야기
	(2) 우리 고장의 문화유산
3학년 2학기	**2단원 시대마다 다른 삶의 모습**
	(1) 옛날과 오늘날의 생활 모습
4학년 1학기	**2단원 우리가 알아보는 지역의 역사**
	(1) 우리 지역의 문화유산
	(2) 우리 지역의 역사적 인물
5학년 2학기	**1단원 옛사람들의 삶과 문화**
	(2) 독창적 문화를 발전시킨 고려

서울 초등사회교과교육연구회가
「참 쉬운 뚝딱 한국사」 시리즈를 추천합니다.

많은 아이들이 한국사를 외울 것이 많고 어려운 과목이라고 생각합니다.
한국사의 흐름을 이해하지 않고 무조건 외우려고만 하니
지루하고 따분하게 느껴질 수밖에 없습니다.
「참 쉬운 뚝딱 한국사」 시리즈는 역사적 인물과 사건에 초점을 맞춰 마치 부모님이
재미있는 옛날이야기를 들려주는 것처럼 설명되어 있어
역사를 처음 접하는 아이들이 한국사에 흥미를 가질 수 있도록 해 주는 책입니다.
또한 각 장의 첫 부분에 해당 주제의 역사 연표를 보여 주어
전체적인 흐름을 잡도록 도와주고,
본문은 핵심 내용을 기억하기 쉬운 그림과 사진으로 표현하여
어린이 스스로 학습한 내용을 체계화하고, 이해할 수 있도록 구성했습니다.
'단원 정리'에는 초등학교 수준에서 어려운 역사 용어와 유물,
인물 등을 정리하고, 공부한 내용을 확인하는 문제가 수록되어 있어
우리 역사에 흥미를 갖고 기본을 다지는 데 도움이 됩니다.
2권에서는 혼란했던 통일 신라 시대 말부터
고려 건국, 고려 말까지 우리나라 역사와 문화재, 유물들을 소개합니다.
초등학생 눈높이에 맞춰 만들어진
「참 쉬운 뚝딱 한국사」 시리즈를 읽으면서 한국사의 큰 흐름을 스스로 이해하고,
역사에 대한 흥미와 자신감을 가져 보세요!

*서울 초등사회교과교육연구회는 초등학교에서 사회를 가르치는 선생님들이
 사회를 더 재미있게 가르치기 위해 연구하는 모임입니다.

1장
고려가 세워지기 전, 신라 말은 어땠을까?

천년 신라가 가장 화려했던 때는
삼국 통일을 이룬 7세기 중엽, 무열왕이 왕위에 오른 654년부터
경덕왕이 나라를 이끈 약 100여 년 동안이었어요.
통일을 향한 첫걸음을 뗀 태종 무열왕 김춘추,
외삼촌인 김유신과 함께 통일을 이룬 문무왕,
만파식적을 얻은 신문왕, 찬란한 문화를 꽃피운 성덕왕과 경덕왕.
이들이 이끌었던 통일 신라는 신라 역사상 최고의 시대예요.

하지만 통일 신라는 점차 혼란에 빠지기 시작했어요.
힘 있는 자들이 너도나도 왕이 되려고 했어요.
점점 백성들은 살기 힘들어졌고 나라 살림은 더 어려워졌어요.
마지막을 향하는 통일 신라는 어떤 모습이었을까요?
고려가 세워지기 전, 그 역사 속으로 들어가 봐요.

676년
신라, 삼국을 통일함.

765년
혜공왕, 왕위에 오름.

771년
성덕 대왕 신종이 완성됨.

828년
장보고, 청해진을 세움.

846년
장보고, 난을 일으킴.

통일 신라는 전성기 우리가 이끈다

- 경덕왕
- 죽어서도 신라를 지키겠어! — 문무왕
- 태종무열왕 김춘추
- 신문왕
- 성덕왕
- 김유신
- 신라가 화려했던 때의 주인공들이네. / 짝짝짝

887년 진성 여왕, 왕위에 오름.

889년 원종과 애노, 난을 일으킴.

894년 최치원, 시무 10조를 올림.

900년 견훤, 후백제를 세움.

901년 궁예, 후고구려를 세움.

여덟 살에 왕이 된 혜공왕

신라 문화의 꽃을 피운 경덕왕이 세상을 떠났어요.
귀족과 백성들 모두가 슬퍼했어요. 하지만 왕의 자리는 잠시도
비워 둘 수가 없었어요. 그래서 경덕왕의 아들이 여덟 살에 왕이 되었어요.
바로 신라의 36대 왕, 혜공왕이에요.
그는 너무 어려서 어머니 만월 부인이 나랏일을
함께 돌보기로 했지요. 혜공왕은 아버지 경덕왕이 할아버지
성덕왕을 위해 만들던 종을 꼭 자기 손으로 마무리하고 싶었어요.
우여곡절 끝에 종이 완성되었어요. 종소리는 웅장하고 그윽했어요.
누군가는 "에밀레, 에밀레." 하고 아이가 엄마를 부르는 소리 같다고 했어요.
그 종이 바로 성덕 대왕 신종이에요.

13쪽에 있는 종의 이름을 본문에서 찾아 밑줄 그어 보세요.

 ## 통일 신라, 혼란에 빠지다

한편 귀족들은 혜공왕이 나이가 들어도 나랏일에 관심이 없자,
불만이 많았어요. 그러는 사이에 나라는 점점 위태로워졌지요.
혜공왕은 왕이 된 이후 계속 신하들의 반란에 시달리다가, 결국 죽임을
당하고 말았어요. 궁궐에서 죽었으나 무덤조차 남기지 못했다고 해요.
이후 통일 신라는 걷잡을 수 없이 혼란해졌어요.

# 왕이 스무 번이나 바뀌었어요

혜공왕이 아들을 두지 못한 채 세상을 떠나자,
힘 있는 귀족들은 저마다 서로 왕이 되려고 했어요.
그들은 선덕왕이 왕위에 오른 뒤에도 계속해서 불만을 터뜨렸어요.
왕의 힘은 약해지고 귀족들은 저마다 자신의 힘을 키우기에 바빴지요.
귀족들의 다툼이 잦아질수록 힘든 사람은 백성들이었어요.
결국 150여 년간 무려 스무 번이나 왕이 바뀌었어요.
빛나는 문화를 꽃피우던 통일 신라는 점점 시들어 갔어요.
그 와중에도 장보고나 최치원 같은 사람들은
신라를 지키고, 개혁하려 노력했어요.

귀족들이 싸운 이유를 찾아 큰 소리로 읽어 보세요.

신라인을 지키려 노력한 장보고

남쪽 바닷가에 살던 소년 장보고는 항상 바다를 보며 꿈을 키웠어요.

장보고는 활을 무척 잘 쏘고 무술에도 뛰어났어요.

하지만 장보고는 신분이 낮아 신라에서는 벼슬을 할 수가 없었어요.

장보고는 신라를 떠나 당나라로 가서 군인이 되기로 결심했어요.

싸움이 날 때마다 눈부신 활약을 거둔 장보고는 부하 천 명을 이끄는 장수가 되었지요.

그런데 나라의 힘이 약해져 당나라에 노예로 끌려오는 신라인들을 보면 마음이 아팠어요.

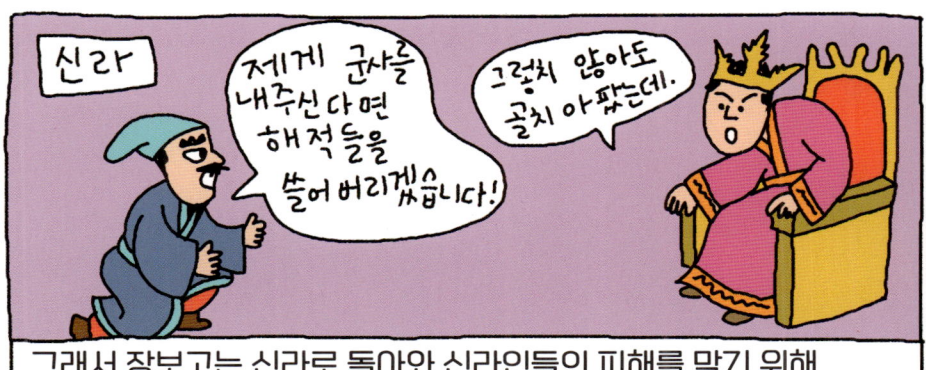

그래서 장보고는 신라로 돌아와 신라인들의 피해를 막기 위해 청해진을 설치하자고 건의하여 왕에게 허락받았어요.

장보고는 군사를 모아 바다의 해적을 소탕했을 뿐만 아니라, 중국과 일본, 신라를 오가며 무역을 통해 큰돈을 벌고 명성도 떨쳤답니다.

신라에서는 장보고에게 청해진 대사라는 호칭을 내렸어요.

하지만 장보고는 신라 왕실의 왕위 다툼에 휘말려 안타깝게 목숨을 잃고 말았어요.

그가 죽은 뒤 청해진 역시 사라져 버렸습니다.

최치원은 아주 뛰어난 재능을 가진 아이였어요.

하지만 최치원은 6두품 귀족이라 높은 벼슬에 오를 수가 없었어요.

최치원은 열두 살의 나이에 당나라로 유학을 떠났습니다.

당나라에서는 신분이 낮아도 재능이 있거나 큰 공을 세우면 성공할 수 있었거든요.

당나라로 간 최치원은 노력 끝에 열여덟 살에 과거 시험에서 장원을 차지하며 이름을 떨쳤어요.

최치원은 당나라에서 높은 벼슬을 하며 성공했지만 고향인 신라를 매우 그리워했어요.

 온 나라를 뒤흔든 농민들의 함성

금성(경주)은 초가지붕이라고는 찾아볼 수 없을 정도로
화려한 기와지붕이 줄을 이은 신라의 수도였어요.
거리의 집집마다 숯으로 밥을 해 먹고,
심지어는 황금으로 꾸민 금입택도 서른 채가 넘었다고 해요.

* **금입택**: 금을 입힌 집.

하지만 다른 지방은 금성의 모습과 달랐어요.
금성의 화려함은 지방 백성들의 세금으로 만들어 낸 것이라,
농민들은 그만큼 세금을 더 많이 내야 했고 살기가 어려웠지요.
그들은 더 이상 견딜 수 없어 세금을 걷으러 온 관리들과 맞서 싸웠어요.
어떤 농민들은 붉은 바지를 입고 금성으로 쳐들어갔고,
원종과 애노는 상주에서 농민들을 모아 난을 일으켰어요.
그 이후 살기 힘들어진 농민들의 난이 곳곳에서 일어났어요.

누구나 부처가 될 수 있다고?
누구나 왕이 될 수 있다고?

신라가 농민들의 난으로 어수선했던 때에 사람들이 믿고
의지하는 종교도 변하기 시작했어요.
그 당시 신라의 불교는 경전을 외우고 뜻을 풀이해 부처의 가르침을 배우는
'교종'이었어요. 교종은 경전 공부를 중요하게 여겼지요.
하지만 경전을 공부하려면 시간도 많이 필요하고 내용도 어려워서
백성들이 부담스러워했어요.

당나라로 유학을 떠났던 스님들은 특별한 불교를 배우고 돌아왔어요.
특별한 불교란 참선과 명상을 통해 깨달음을 얻는 '선종'이에요.
선종은 명상을 통해 자신의 마음을 다스릴 줄 알면 자기 마음이
곧 부처의 마음과 같아진다고 가르쳤어요.
누구나 부처가 될 수 있다는 희망을 주었지요.
선종이 유행하자 백성들은 누구나 부처가 될 수 있듯,
누구나 왕이 될 수 있다고도 생각하게 되었어요.

교종과 선종의 뜻을 찾아 큰 소리로 읽어 보세요.

땅의 좋은 기운이 다른 곳으로

도선이라는 스님은 신라 불교에 새로운 바람을 일으켰어요.
그는 자연에는 좋고 나쁜 기운이 들어 있다고 말했어요.
그래서 좋은 땅에 살면 하는 일이 잘되고,
나쁜 땅에 살면 일이 잘 안 풀린다고 했지요.
또한 땅의 기운이란 늘 같은 장소에만 머무는 것이 아니라
새로운 곳으로 옮겨 간다고 말했어요. 이것을 '풍수지리'라고 해요.
사람들이 집을 짓거나 무덤 자리를 정할 때 좋은 기운이 오도록
알맞은 방향과 지형을 따지는 이론이에요.
신라 사람들은 금성에 모였던 좋은 기운이
다른 지역으로 가는 바람에 나라가
혼란스러워졌다고 수군거렸어요.

✏️ 풍수지리가 무엇인지 그 뜻을 찾아 밑줄 그어 보세요.

왕의 말을 듣지 않은 호족들

백성들과 귀족들은 점점 왕실의 말을 듣지 않았어요.
그때 지방을 직접 다스리는 자들이 나타났어요.
기훤, 양길, 견훤, 궁예 같은 사람들이에요. 그들을 호족이라고 해요.
호족은 백성들에게 직접 세금을 걷었고, 스스로를 장군이나 성주,
호걸이라고 칭했어요. 그들은 자신들이 선종과
풍수지리를 이용해 왕이 될 수 있고,
자신들의 땅이 세상에서 가장 좋은 기운을 가졌다며 자랑했어요.
얼마 뒤, 그들은 군사를 모아 신라에 맞섰어요.

✏️ 호족이 어떤 사람들인지 본문에서 찾아 밑줄 그어 보세요.
또 호족을 부르는 다른 말을 본문에서 찾아 동그라미 해 보세요.

 # 힘을 가진 호족, 신라를 분열시키다

신라는 호족 세력이 점점 커지는 것을 막기 위해 군사를 보냈지만
거듭 패배했어요. 신라 곳곳에서는 보란 듯이 수백 명의 호족이 나타났어요.
그중 가장 큰 힘을 가진 호족은 옛 백제 땅을 차지한 견훤과
옛 고구려의 땅을 차지한 궁예였어요.
그 뒤 견훤은 후백제를, 궁예는 후고구려를 세웠어요.
천년을 이어 온 신라는 삼국 통일로 이룬 땅을 모두 잃어버리고
경주와 그 주변만 다스리는 작은 나라가 되었어요.
후백제, 후고구려, 그리고 신라로 이뤄진 후삼국 시대가 열렸어요.

단원 정리

알다 — 역사 용어

- **청해진**
  장보고가 완도 청해에 만든 군사·무역 기지.

- **선종**
  명상과 참선을 중요시하는 불교의 한 갈래.

- **풍수지리**
  지형이나 방위에 따라 집이나 무덤의 알맞은 장소를 구하는 이론.

- **호족**
  신라 말에 등장한 지방 세력.

역사 생각 — 궁금하다!

왜 왕이 되기 위해 다투었을까요?
진덕 여왕을 끝으로 성골이 사라지자 진골 귀족들이 자신도 왕이 될 수 있다고 생각했기 때문이에요.

신라 말, 백성들이 가장 힘들어한 일은 무엇일까요?
권력을 쥔 자들이 세금을 부당하게 많이 걷고, 남자들을 전쟁터로 끌고 가서 먹고살기 어려웠어요.

땅의 기운은 무엇일까요?
풍수지리가 널리 퍼지자 사람은 땅의 기운을 받아 태어난다고 믿었어요. 그래서 좋은 땅을 차지하기 위한 경쟁이 벌어졌어요.

만나다 — 역사 인물

혜공왕
여덟 살에 경덕왕의 뒤를 이어 신라의 36대 왕이 됨. 성덕 대왕 신종을 완성함.

최치원
신라를 대표하는 학자로, 당나라 빈공과에 장원급제. 신라로 돌아와 개혁하려 했으나 뜻을 이루지 못함.

장보고
장군 출신으로 신라와 당나라, 일본을 잇는 해상 무역을 이끈 인물.

도선
신라 말 풍수지리에 가장 뛰어났던 승려.

가다 — 역사 장소

국립경주박물관
성덕 대왕 신종, 금관, 신라 불상 등 천년 신라의 역사를 대표하는 유물을 만날 수 있는 국립 박물관.

청해진 유적지
장보고가 완도 청해에 설치한 군사 및 무역 기지. 지금은 성터와 공원, 근처에 장보고기념관과 동상이 세워져 있음.

성덕 대왕 신종
우리나라에 남아 있는 가장 큰 종.
아름다운 종소리를 내는 것으로 유명함.

장보고 동상
청해진을 설치해서
해상 무역을 이끈 장보고의 동상.

확인하기

01 빈칸에 알맞은 낱말을 쓰세요.

우여곡절 끝에 (　　　　　　)이 완성되었어요. 종소리가 어찌나 웅장하고 그윽한지 사람들은 감탄을 금치 못했어요. 누군가는 에밀레, 에밀레 하고 아이가 엄마를 부르는 소리 같다고 했어요.

02 다음 내용을 보고 인물과 어울리는 말을 연결해 보세요.

 최치원 •　　　• ① "좋은 땅에 살면 하는 일이 잘 되느니라."

 장보고 •　　　• ② "나는 당나라 과거 시험에서 1등으로 합격했어."

 도　선 •　　　• ③ "나는 바다를 호령하는 사람이 될 거야!"

03 다음 설명을 잘 읽고 (　　　)에 들어갈 알맞은 말을 쓰세요.

지방을 직접 다스리는 사람으로, 통일 신라 때 나타난 지방 세력들을 뜻해요.
그들은 백성들에게 직접 세금을 걷고, 자신들을 장군, 성주, 호걸이라고 불렀다.
▶ 신라 말에 등장한 지방 세력인 이들을 (　　　　　)이라고 한다.

04 후삼국 시대의 세 나라를 (　　　)에 쓰세요.

(　　　　), (　　　　), (　　　　)

2장
고려를 세우고, 후삼국을 통일하다

천년 신라의 뒤를 이은 주인공은 후삼국을 통일한 고려예요.
고려를 세운 사람은 태조 왕건이에요.
그는 각 지역의 호족들 덕분에 여러 어려움을 이겨 내고
후삼국을 통일했지요.

918년
왕건, 고려를 세움.

919년
고려, 송악(개경)으로 수도를 옮김.

927년
견훤, 공산 전투에서 승리함.

930년
왕건, 고창 전투에서 승리함.

936년
고려, 후삼국을 통일함.

하지만 통일을 이룬 기쁨도 잠시, 호족들은 저마다
자신의 공을 내세우며 왕건에게 여러 가지를 요구했어요.
어떤 호족은 땅을 원하고 또 어떤 이들은 벼슬을 바랐어요.
왕건은 호족의 힘을 이용하기 위해 스무 명이 넘는 호족의 딸과 혼인하기도
했어요. 통일을 이룩한 왕건에게 이 모든 것들이 어려운 문제였지요.
과연 왕건은 호족들을 어떻게 다스리고 새로운 나라 고려를 위한
발걸음을 시작했을까요? 지금부터 함께 살펴볼까요?

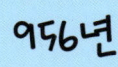

943년
왕건,
훈요십조를 만듦.

956년
광종, 노비안검법을
실시함.

958년
광종,
과거 제도를 실시함.

982년
최승로,
시무 28조를 올림.

983년
성종,
12목을 설치함.

후백제의 견훤, 후고구려의 궁예

견훤은 큰 키에 훤칠한 외모, 뛰어난 통솔력과 용기를 가진
신라의 군인이었어요. 그런데 신분이 낮아 공을 세워도 출세를 못했지요.
견훤은 포기하지 않고 오히려 완산주(지금의 전주)에서
후백제를 세우고 스스로 왕이 되었어요.

한편 신라의 왕자였던 궁예는 왕위 다툼 속에서 버려진 아이예요.
궁궐 밖으로 피신하다가 그만 한쪽 눈을 잃었고,
신분을 숨긴 채 절에서 숨어 살았어요.
어른이 된 궁예는 백성들을 돌보며 점차 힘을 키웠어요.
백성들은 궁예를 살아 있는 부처로 여기며 따랐지요.
경기도와 강원도 일대에서 큰 세력을 떨친 궁예는
송악(지금의 개성)을 도읍으로 삼고 후고구려를 세웠어요.

지도에서 후백제, 후고구려가 어디에 있는지 확인하고,
그 나라들을 세운 사람이 누구인지 말해 보세요.

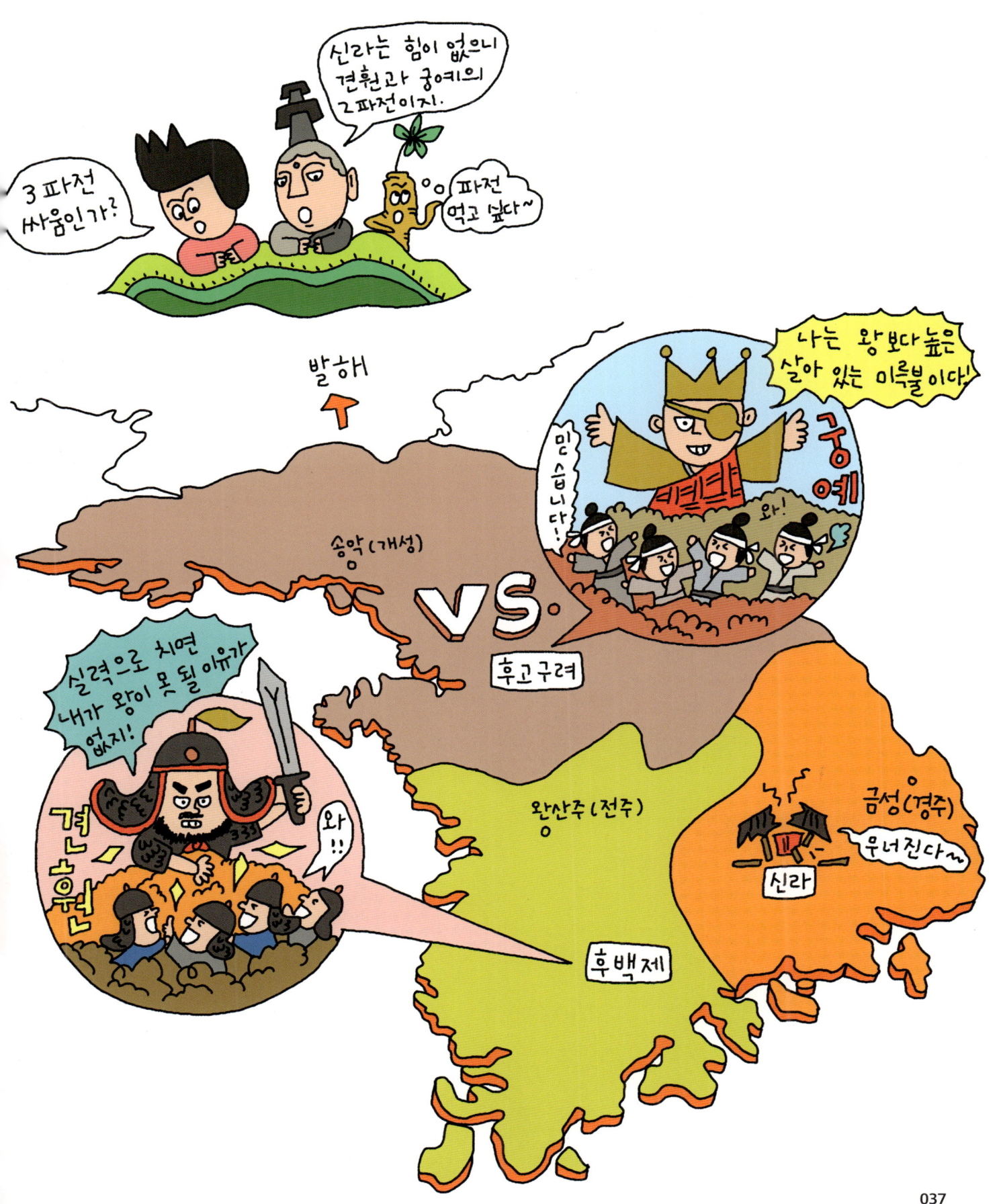

왕건, 마침내 고려를 세우다

후고구려의 도읍이었던 송악은 원래 왕건 집안의 터전이었어요.
궁예의 세력이 점점 커지자 왕건의 아버지 용건은 송악을 궁예에게 바쳤어요.
궁예는 용건의 아들 왕건을 끔찍이 아끼고 친아들처럼 여겼어요.
왕건도 이에 보답하듯 궁예의 명령이라면 무엇이든 척척 해냈어요.
하지만 궁예는 왕건이 거듭 공을 세우며 백성들의 사랑을 받자 점점 불안해졌어요.
신라의 왕자 출신인 자신과 달리, 옛 고구려 땅에서 태어난 왕건이
백성들에게 더 많은 사랑을 받을까 봐 두려웠지요.

✏️ 궁예와 왕건이 어떤 관계였는지 알 수 있는 문장에 밑줄 그어 보세요.

불안해진 궁예는 부하들을 의심하기 시작했어요.
그들 모두 왕건의 편인 것 같았거든요.
왕건은 궁예에게 자신은 충실한 신하이니
걱정 말라고 했어요. 하지만 궁예는
왕건의 말을 믿지 않고 점점 이상해졌어요.
온갖 트집을 잡아 왕건과 가까운 신하들을 쫓아내거나 목숨을 빼앗았어요.
심지어 이를 말리는 왕실 가족마저도 용서하지 않았지요.
궁예는 마지막으로 왕건까지 몰아내려 했어요. 하지만 이를 눈치 챈
왕건의 부하들이 왕건을 설득해 궁예를 먼저 쫓아냈어요.
왕건은 이 모든 것을 하늘의 뜻이라 여기며 고구려를 계승한다는
의미에서 나라 이름을 고려로 바꾸고 왕이 되었어요.

쉿! 고려를 세운 왕건의 비밀

왕건의 할아버지 작제건은 젊은 시절 서해 용왕을 도와 늙은 여우를 물리쳤어요.

용왕은 기뻐하며 자신의 딸을 작제건과 결혼시켰어요.

이후 작제건의 후손은 모두 겨드랑이에 용의 비늘이 돋아났다고 해요.

왕건을 비롯한 고려의 왕들이 몸 어딘가에 용의 비늘을 숨기고 있다는 이야기는 고려 시대부터 조선 시대까지 전해져 내려왔어요.

늙은 여우를 물리친 작제건은 용왕에게 소원으로 왕이 되고 싶다고 했어요.

작제건은 아들의 이름을 용건으로 정했고, 훗날 용건은 아들의 이름을 왕건이라고 지었어요.

때를 기다리면 소원이 이뤄진다던 용왕의 말대로 작제건의 손자인 왕건은 고려를 세우고 왕이 되었답니다.

왕건과 견훤의 첫 번째 전쟁

고려의 왕이 된 왕건은 진정한 승자가 되기 위해
후백제의 왕 견훤과 전쟁을 세 번 치렀어요.
첫 번째는 공산(지금의 대구)에서 일어난 전쟁이에요.
힘이 약해진 신라는 견훤이 세운 후백제에게 계속 공격당하고 있었어요.
신라의 경애왕은 고려 왕건에게 도움을 요청했어요.
왕건은 곧 군사를 이끌고 신라로 갔어요.

하지만 왕건이 도착했을 때는 이미 후백제의 견훤은 경애왕을 죽음에 이르게 하고 금성(경주)를 손에 넣은 뒤였어요. 왕건은 공산으로 공격해 들어갔지만, 후백제군에게 졌고 군사도 거의 잃고 말았어요. 왕건은 부하 신숭겸이 왕건과 옷을 바꿔 입고 적을 유인해 주어 간신히 살아 돌아왔어요. 그 후 경애왕의 죽음을 알게 된 왕건은 사신을 보내 신라 사람들을 위로해 주었어요. 그 일로 신라 사람들은 고려가 의로운 나라라고 생각했어요.

* **사신**: 임금의 명령을 받고 외국에 가는 신하.

고려, 후삼국을 통일하다

공산 전투가 끝나고 3년 후, 견훤의 후백제군은 신라의 고창을 공격했어요.
왕건과 견훤의 두 번째 전쟁인 고창 전투가 벌어진 거예요.
왕건은 그곳을 지키기 위해 군사들을 이끌고 갔어요.
호족들은 고민 끝에 신라를 도와주었던 왕건 편에 서기로 했어요.
이번에는 왕건이 크게 이겼어요. 왕건은 매우 기뻐하며
고창의 이름을 안동으로 바꾸었어요.
'안동'은 전쟁에서 이겨 동쪽이 편안해졌다는 뜻이에요.
왕건은 자신을 도와준 호족들에게 이름의 '성'을 내려 주었어요.
안동 김씨, 안동 권씨, 안동 장씨는 이때 생겨났어요.

그 후, 후백제에서는 견훤의 첫째 아들 신검이 아버지를 금산사라는 절에
가뒀어요. 아버지 견훤이 막냇동생에게 왕위를 물려 주려고 했기 때문이에요.
견훤은 괴로워하며 왕건에게 도움을 청했고, 왕건은 견훤을 큰아버지라고
부르며 대접해 줬어요. 이 사실을 알게 된 신라 경순왕은
전쟁은 피해만 늘리게 되고 더 이상 나라를 지키기 힘들다는 생각에
신라를 고려에 바쳤어요. 그 전에 거란에게 멸망한 발해의 유민까지
받아들인 고려는 발해, 후백제, 신라를 모두 흡수하게 된 거예요.
이제 남은 것은 견훤의 아들 신검이었어요. 마지막 일리천(지금의 선산) 전투는
신검과 왕건의 전쟁이었고, 왕건의 승리로 끝났어요.
936년, 왕건이 우리 역사의 두 번째 통일을 이룬 거예요.

 # 왕건, 스물아홉 번 결혼하다

통일을 이룬 기쁨도 잠시, 호족들이 전쟁에서 세운 자신들의
공을 내세우며 왕건에게 상을 달라고 했어요.
더구나 힘 있는 호족들은 상과 벼슬만으로는 만족하지 않았어요.
왕건은 그들이 힘을 합쳐 자신을 몰아내면 어쩌나 걱정이 되었어요.
그래서 호족 집안과 결혼하여 한집안이 되면 문제를
해결할 수 있을 거라고 생각했어요.
왕건은 나주 정벌 때 나주 오씨의 딸과 결혼을 했고,
이후에 충주에서 가장 강한 세력인 충주 유씨와 또 결혼했어요.
황해도 황주의 대표 호족 황보씨와도 결혼했어요.
그렇게 힘 있는 호족 집안의 딸들과 결혼을 하다 보니
왕건은 무려 스물아홉 번이나 결혼했어요.
왕건은 우리 역사상 결혼을 가장 많이 한 왕이 되었어요.
어렵게 통일한 나라를 하나로 모으기 위한 어쩔 수 없는 선택이었지요.

 고려의 통일 이후, 왕건의 정책

우리 역사상 두 번째인 고려의 통일은 행운도 따르고
힘겨움도 있었지만 중요한 의미가 있어요.
신라는 통일을 이루었지만 여러 나라로 나뉘어 살았던
백성들의 마음을 하나로 합하는 데는 실패했어요.
결국 후백제, 후고구려로 나뉜 것만 봐도 알 수 있지요.
고려는 이 같은 일을 되풀이하지 않기 위해 노력했어요.
우선 여러 지역을 대표하는 호족들을 통합하기 위해 결혼 정책과
사성 정책을 펼쳤어요. 그 덕분에 왕실의 친척이 아주 많이 늘어나
호족들보다 왕실의 힘이 더 커졌어요.
그리고 백성들의 마음을 하나로 모으기 위해 후백제 출신이든,
신라나 발해 출신이든 인재를 골고루 등용하여
차별을 많이 없앴어요. 발해를 멸망시킨 거란을 꾸짖으며
옛 고구려 땅을 되찾기 위해 북진 정책도 펼쳤어요.
왕건은 여러 노력이 계속 이어지기를 바라는 마음으로
후손들에게 열 가지 가르침을 남겼어요.

*__사성 정책__: 공을 세운 신하와 지방의 호족에게 왕실의 성인 '왕'씨 성을 내려주는 일.

왕건의 훈요십조 訓要十條

왕건은 죽기 전에 후대 왕들을 위해 고려를 어떻게 다스려야 하는지에 대한 열 가지 가르침을 남겼어요. 이것을 훈요십조라고 해요.

잘 새겨들어요!

훈요십조

1조 불교의 힘으로 나라를 세웠으니 불교를 숭상하라.

2조 모든 절은 풍수지리에 따라 세우되, 함부로 짓지 마라.

3조 왕위는 맏아들이 계승하는 것을 원칙으로 하되, 맏아들이 현명하지 못하면 다음 아들에게 물려준다. 그 아들도 현명하지 못하면 형제 중에서 여러 사람의 추천을 받은 자에게 물려주어라.

4조 우리나라는 사람과 땅이 중국과 다르니, 중국의 제도를 그대로 따르지 말라. 더욱이 거란은 짐승과 같은 나라이니 의관제도를 본받지 마라.

5조 2, 4, 8, 11월 중 서경(평양)에 가서 1년에 100일 이상 머무르면 태평을 이루리라.

6조 연등회는 부처님을, 팔관회는 하늘과 산천의 신을 섬기는 행사이다. 이것을 원칙대로 행하라.

7조 신하의 의견을 존중하고 백성의 부역을 줄이도록 하라.

...

10조 옛 경전과 역사서를 많이 읽어 나라 다스리는 일에 거울로 삼아라.

 처음으로 과거 제도를 만든 광종

왕건의 아들 광종은 아버지의 뜻을 누구보다 잘 알고 있었어요.
그는 왕실이 안정되려면 호족들의 힘을 꺾어야 한다고 생각했어요.
그래서 전쟁 중 강제로 호족의 노비가 된 사람들을 모두 양민으로
풀어 주었어요. 이로써 재산 같은 노비가 줄어드니 호족의 힘은
약해지고, 노비는 양민으로 풀려나 나라에 세금을 내는 백성이 되니
나라에 큰 이익이 되었어요. 더불어 능력 있는 사람이라면
누구나 나랏일을 할 수 있도록 우리나라 최초로 과거 제도를 만들었어요.
광종은 합격자를 직접 발표하며 칭찬해 주었지요.
훗날 거란으로부터 나라를 지켜 낸 서희 역시 이 과거 제도로 뽑힌 인재예요.
과거 제도는 고려의 인재를 키워 내는 중요한 제도임이 분명해요.

광종은 고려의 관복도 바꾸고 싶었어요.
관복이 정해지지 않은 탓에 신하들이 각자 좋아하는 옷을 입고 다니다 보니
신라 출신은 신라의 관복을, 후백제 출신은 후백제의 관복을 입고 다닌 거예요.
심지어는 왕보다 더 화려한 옷을 입고 다니는 신하도 있었어요.
광종은 고려만의 관복을 만들고 옷의 색깔로 지위를 구분할 수 있도록 했어요.

유교 정신을 받아들인 성종

성종(광종의 조카)은 광종에 이어 고려의 기틀을 다진 왕이에요.
광종이 노비를 풀어 주고 관복을 정리하고 과거 제도를 만들었다면
성종은 유교를 받아들여 나라의 질서를 잡았어요.
그는 신하들이 정책을 충분히 연구하고 토론한 뒤에 보고하도록 했고,
불필요한 국가 행사를 없애거나 줄여서 낭비를 막았어요.
또한 열두 개의 중요한 도시를 정하고 관리를 보내 다스리게 했어요.
국가 기관을 정비하여 어디에서 무슨 일을 해야 하는지 정확하게
정한 것도 이때였어요. 이 모든 일은 최승로가 있었기에 가능했어요.
최승로는 유교 정신을 바탕으로, 왕이 지금 해야 할
스물여덟 가지 일을 정리한 「시무 28조」를 성종께 올렸어요.
성종이 이를 모두 받아들여, 고려의 기틀을 세울 수 있었답니다.

하루빨리 해야 할 일이 스물여덟 가지요.

최승로의 「시무 28조」 중에서

① 왕은 상과 벌을 분명히 하여 선한 행동은 권하고 악한 행동은 벌해야 한다!

② 함부로 절을 짓는 것을 금해야 한다!

③ 지방에 관리를 파견하여 백성을 보살피도록 한다!

④ 북방의 오랑캐에 대비해 군사를 길러야 한다!

⑤ 불교를 믿는 것은 내세의 복을 구하는 일이고, 유교로 나라를 다스리는 것은 오늘 해야 할 일이다. 따라서 현재 필요한 것을 버리고 지극히 먼 내세를 위해 힘쓰는 것은 옳지 않다!

⑥ 불교 행사를 지나치게 크게 하는 것은 백성에게 부담을 주는 일이니 줄여야 한다!

⑦ 왕은 신하를 공손하게 대하고, 법에 따라 일을 처리하면 위업을 이룰 수 있다!

⑧ 관리들의 복식을 정해야 한다!

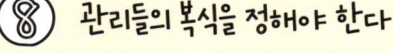

도시 이름이 생기고 성과 본관이 생겼어요

고려 초에는 여러 지역의 이름(지명)이 생겨났어요.
왕건은 안동, 영월, 천안, 예산 등으로 지역의 이름을 지었어요.
'편안하다' 또는 '예의가 밝다'라는 뜻으로 지은 이름인데,
전쟁에 승리한 왕건의 마음이 담겨 있어요.
그런가 하면 전쟁에서 간신히 몸을 피하여 반달을 보며
한숨 돌렸던 그 당시 왕건의 상태가 대구의 지명에 남아 있어요.
반야월이나 안심이란 이름들이지요. 또 충주, 원주, 공주, 청주, 양주,
상주, 전주, 광주 등도 태조 왕건 때 생긴 이름이에요.

또 '본관'이라는 것도 생겼어요. 조상이 태어나 터전을 일구고
살던 곳을 본관이라고 해요. 고려 시대에는 도읍지 송악에서 호족들이
서로 만날 때마다 본관에 성을 붙여 자신을 소개했다고 해요.

여러분의 본관은 무엇인가요?
본관에 어떤 이야기가 있는지 가족들과 함께 알아 보세요.

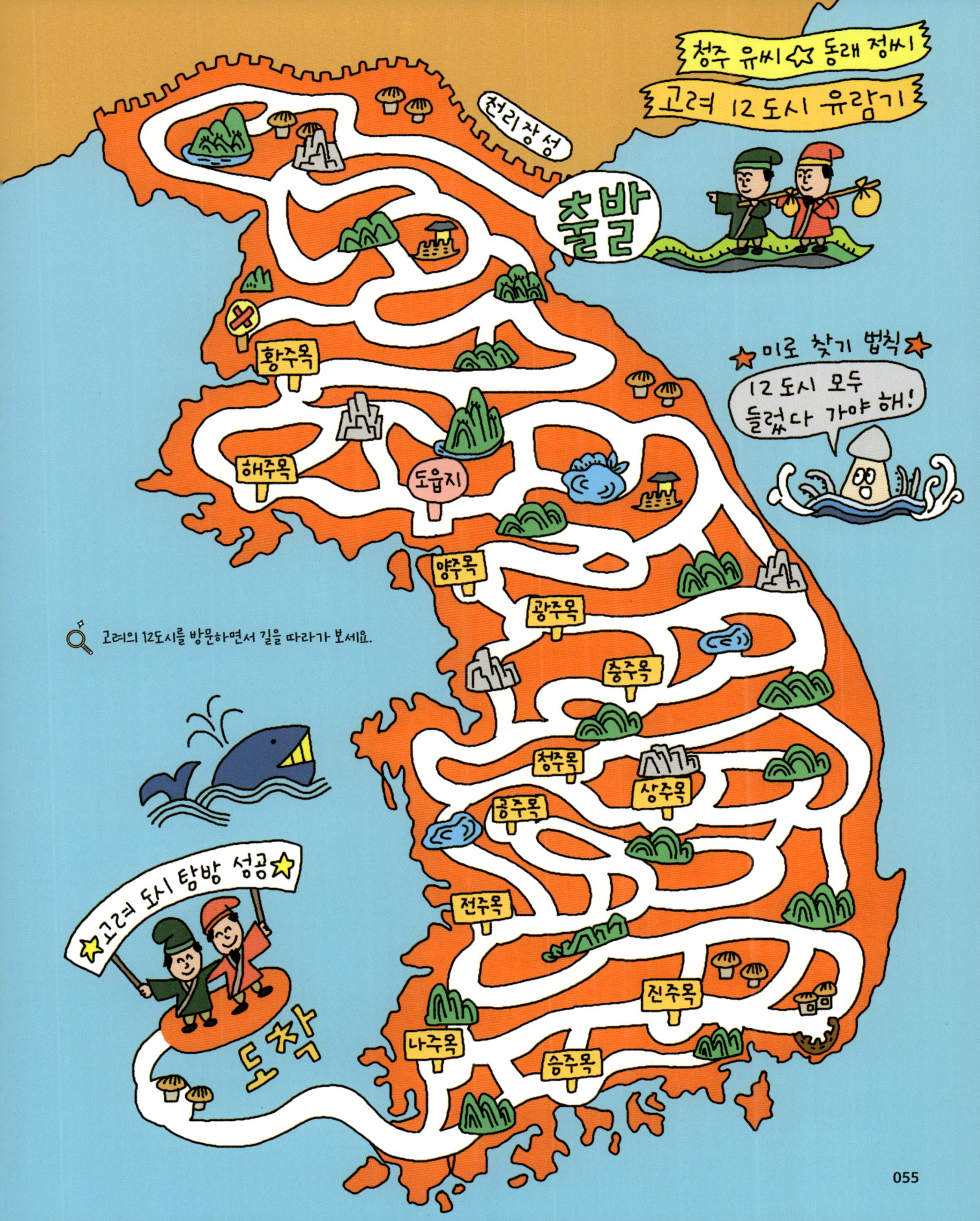

북적북적 시끌시끌!
고려 제일 무역항, 벽란도

벽란도는 고려의 도읍 개경에서 가장 가깝고 고려에서 제일 큰 항구였어요.
그곳은 외국에서 온 상인들로 항상 북적거렸어요.
주로 송나라, 거란, 일본에서 온 상인이 가장 많았지만
멀리 아라비아에서 온 상인들도 있었어요.
"이봐, 무함마드. 오랜만이야. 어떻게 지냈어? 장사는 잘하고 있는 거지?"
"오우~ 효구, 자네가 만든 청자는 정말 최고야! 이번에도 잘 부탁해.
언제 와도 꼬레는 참 좋단 말이야."
아라비아에서 온 무함마드와 고려 도자기 장인 효구가 인사를 나누는
모습을 보며 송나라 상인도 덩달아 인사했어요.
"맞아. 벽란도는 언제 와도 활기가 넘치네.
곧 여름이니 이번에는 화문석을 많이 사야겠어."
각 나라의 상인들과 사신들이 오가는 고려의 첫 관문
벽란도는 고려인이 세계와 만나는 통로였답니다.

고려의 대표 수출품은 무엇일까요?

고려청자
고려의 상감청자는 중국에서도 보기 힘든 특별한 청자예요.

청자 주름 무늬 항아리

화문석
화문석은 왕골로 무늬를 놓아 짠 돗자리예요. 꽃과 호랑이, 용 등 각종 무늬에 색을 입혀 화려한 데다가 매우 부드럽고 단단해요. 그래서 외국 사신들이 품질과 아름다움을 으뜸으로 쳤다고 해요.

나전 칠기
나전 칠기는 조개껍데기를 박아 넣거나 붙여 장식한 그릇이나 가구를 말해요. 순우리말로 '자개'라고 하는 조개껍데기 조각을 얇게 썰고 갈아 무늬를 낸 세밀하고 정교한 공예품이에요.

인삼
누가 뭐래도 고려에서 가장 잘나가는 무역품은 인삼이었어요. 약효가 뛰어나서 여러 나라가 앞다투어 사 갔어요.

나전 칠 상자

꼬레? 코리아?

아라비아에서 온 상인들은 고려를 '꼬레'라고 불렀어요.
'고려'를 발음하기가 어려웠는지 '꼬리' 또는 '꼬레'라고 부른 거예요.
이 '꼬레'가 유럽으로 전해지면서 '코리', '코레아', '꼬레아'가 되었고,
결국 영어로 '코리아'가 되었어요. 즉 '코리아'는 원래 고려를 부르는 말이었어요.
그런데 왜 코리아가 우리나라를 뜻하는 말이 되었을까요?
백제나 신라, 고구려, 가야, 발해도 있고, 우리의 첫 국가 고조선도 있는데 말이지요.
그 이유는 고려가 외국 사람들에게 널리 알려졌기 때문이에요.
고려라는 이름은 상인들을 통해 유럽까지 알려졌어요.
고려에 이어 조선이 세워졌고 대한민국까지 이어졌지만
처음 불린 이름인 '꼬레'라는 말이 계속 쓰인 거예요.
유럽이나 서아시아 지역에서 만들어진 옛 지도에 '꼬레'라는 표기가 가장 많은 것도
바로 이러한 이유 때문이랍니다.

단원 정리

알다 _{역사 용어}

- ☑ **훈요십조** 태조 왕건이 후대 왕들에게 남긴 가르침.
- ☑ **과거 제도** 시험을 쳐서 관리를 뽑는 일.
- ☑ **본관** 조상이 태어난 곳.
- ☑ **벽란도** 고려 시대 때 큰 항구 이름.

궁금하다! _{역사 인물}

왕건은 왜 궁예를 배반했을까요?
포악해진 궁예를 내쫓아 달라는
신하들의 마음을 모른 척할 수 없었어요.

왕건은 왜 결혼을 29번이나 했을까요?
힘이 센 호족을 가족으로 만들기 위한
방법이었어요. 호족의 수가 아주
많았기 때문에, 그만큼 결혼도 많이 한 거예요.

광종이 노비를 풀어 준 까닭은 무엇일까요?
노비에서 풀려나면 백성이 되는 것이니 그때부
터는 세금을 내야 해요. 세금을 내는 사람이 늘어
나면 나라 살림이 튼튼해지기 때문이에요.

고려 왕의 몸에 정말 용 비늘이 있었을까요?
전해 내려오는 이야기예요. 왕건의 후손은 모두
왼쪽 겨드랑이에 용 비늘이 있었다는 이야기가
역사책 『삼국유사』에 실려 있어요.

만나다 _{역사 인물}

왕건
고려를 세우고
후삼국을 통일했음.

궁예
후고구려를 세웠음.

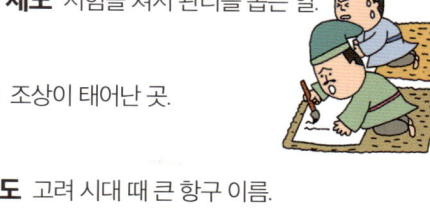

견훤
후백제를 세웠음.

광종
고려의 4대 왕으로, 노비를 풀어 주고
과거 제도를 만들었음.

성종
고려의 6대 왕으로,
고려의 기틀을 다졌음.

최승로
유교 정치에 바탕을 둔
시무 28조를 임금에게 올렸음.

가 다 — 역사 장소

안동 태사묘
왕건을 도와 견훤을 물리친 안동의 세 호족, 김선평, 권행, 장정필의 넋을 모신 사당.

국립중앙박물관 고려실
국립중앙박물관 1층에 위치한 전시실로, 고려의 역사를 유물과 함께 자세히 살펴볼 수 있는 곳.

보다 — 역사 유물

청자 모란무늬 수막새
청자 원숭이 모양 도장
청자 주름 무늬 항아리
나전 칠 합
번개무늬 손잡이 거울

확인하기

01 후삼국 시대를 열어 간 왕과 나라를 연결해 보세요.

- 궁예 • • 후백제
- 견훤 • • 고려
- 왕건 • • 후고구려

02 다음 중 광종의 업적으로 옳은 것은 무엇일까요?

① 호족에게 왕실의 성인 '왕'을 쓸 수 있게 허락했다.
② 스무 명이 넘는 호족의 딸과 결혼했다.
③ 시험을 보아 관리를 뽑는 과거 제도를 만들었다.
④ 중요한 도시 12곳을 뽑아 관리를 보내 다스리게 했다.

03 고려의 대표 무역항 이름은 무엇일까요?

( )

04 다음 중 고려의 대표 수출품이 아닌 것은 무엇일까요?

① 청자 ② 백자 ③ 나전 칠기 ④ 화문석

풀이 01 궁예-후고구려, 견훤-후백제, 왕건-고려 02 ③ 03 벽란도 04 ②

3장
고려, 북방 민족들과 기나긴 전쟁을 하다

고려에 위기가 찾아왔어요. 북쪽 지방에 사는 사나운 거란족이 힘을 키워
남쪽에 있는 고려를 위협하기 시작한 거예요.
사실 그들의 목표는 중국 송나라였어요. 그 송나라와 친한 고려가 눈엣가시였지요.
고려 역시 발해를 멸망시킨 거란족을 그냥 보고만 있을 수 없었어요. 고려는 거란의 사신을 쫓아내고
가져온 선물도 거절했어요. 거란은 이를 핑계 삼아 고려에 쳐들어 왔어요.
거란족의 힘은 매서웠지만 서희, 양규, 강감찬의 활약으로 세 번에 걸친 침입을 막아 냈어요.
그런데 거란이 물러가자 이번에는 여진족이 고려를 위협했어요.
윤관은 여진족의 힘이 더 커지기 전에 고려의 힘을 보여 줘야 한다며 먼저 공격했고 대승을 거뒀어요.
하지만 승리는 잠시뿐, 곧 큰일이 벌어졌어요. 여진족은 세력을 키워 중국 땅의 절반을 차지했어요.
고려는 이 위기를 과연 어떻게 이겨 냈을까요?

916년
야율아보기,
거란국을 세움.

926년
발해,
멸망함.

938년
거란국, 나라 이름을
'요'로 변경.

993년
거란의 1차 침입,
서희의 담판으로 강동 6주를 얻음.

1010년
거란의 2차 침입, 양규의 활약으로 거란의 기세를 꺾음.

1018년
거란의 3차 침입, 강감찬이 귀주 대첩에서 승리함.

1104년
윤관, 별무반을 조직함.

1107년
윤관, 여진족을 정벌하고 동북 9성을 설치함.

1115년
여진족 추장 아구다, 금나라를 세움.

다가오는 북방 민족들

백두산 너머 북쪽 지역은 땅이 아주 넓게 펼쳐져 있었어요.
그곳은 춥고 비가 많이 내리지 않아 농사짓기는 어렵지만
끝없이 펼쳐진 초원이 있어 말과 양을 키우기에는 안성맞춤이었어요.
그런 곳에서 말을 타고 다니며 가축을 키우는 유목민들을 북방 민족이라고 해요.

북방 민족은 한곳에 머무르기보다는 부족끼리 이곳저곳을
옮겨 다니며 살았어요. 태어나면서부터 말과 함께 살았던 그들은
세상 누구보다도 말을 잘 탔어요. 또 거친 환경에 적응해서 사느라
용맹하고 죽음도 두려워하지 않았지요. 그래서 고려나
중국 같은 나라의 농경 민족들에게 두려움의 대상이었어요.
흉노, 선비, 돌궐, 거란, 여진, 몽골 등의 북방 민족들이 있었어요.

✏️ 북방 민족들을 찾아 모두 동그라미 해 보세요.

# 북방 민족들이 서로 힘을 합했어요.

북방 민족은 평소에는 평화롭게 잘 살다가 날씨가 변하여 말과 가축들에게 풀을 먹일 수 없게 되면 남쪽으로 내려와 곡식과 가축 등을 빼앗아 돌아가곤 했지요.

그런데 이번에는 달랐어요. 날씨는 따뜻한데 비가 오지 않아 풀이 자라지 않았어요. 엎친 데 덮친 격으로 자연재해가 잇달아 일어나자 북방 민족들이 뭉치기 시작했어요. 하나로 뭉친 북방 민족의 힘은 이전보다 훨씬 강하고 셌어요. 북방에는 여러 민족이 있었는데, 거란족이 가장 먼저 뭉쳤어요. 질랄부 족장이었던 야율아보기가 수백 년 만에 거란 부족 전체를 통일한 거예요.

거란 부족 전체를 통일한 사람의 이름을 찾아 소리 내서 읽어 보세요.

거란의 속셈에 넘어가지 않은 고려

거란을 통일하고 가한(왕)의 자리에 오른 야율아보기는
먼저 주변 유목 민족들을 물리쳤어요.
그다음에 동쪽의 발해를 멸망시켰어요. 여기서 끝나지 않았어요.
거란의 목표는 처음부터 넓고 부유한 나라, 송나라였거든요.
하지만 땅도 크고 인구도 거란의 백 배가 넘는 거대한
송나라를 쉽게 공격할 수 없었어요.
거란은 우선 송나라의 북쪽을 노렸어요.
그 결과 연운 16주 지역을 차지했지요.

거란은 더 넓은 땅을 차지하기 위해 송과 친한 고려를 같은 편으로 끌어들여야만 했어요. 송나라가 고려를 통해 공격할지도 모르기 때문이에요.
거란은 고려에 사신을 보내고 선물로 낙타도 주었어요.
하지만 고려는 이를 거절했어요. 발해를 멸망시킨 거란과는 한편이 될 수 없다고 했지요.
이제 고려와 거란의 전쟁은 피할 수 없는 일이 되어 버렸어요.
과연 누가 고려를 이 위기에서 구해 냈을까요?

 ## 거란의 첫 번째 침입

결국 전쟁이 벌어졌어요.
거란은 고려가 자기들을 무시한다며 80만 명의 군대를 보냈어요.
고려는 거란족을 막을 준비가 되어 있지 않았어요.
거란군에 항복하자고 하는 신하도 있었지요.
하지만 서희가 거란의 속셈을 꿰뚫어 보았어요.
그는 협상을 통해 거란을 물리칠 수 있다고 주장하며
거란의 장수를 만나러 길을 나섰어요.
서희는 거란이 자신을 만나 주지 않을 경우까지 생각해
미리 대책을 준비했어요.

고려에는 발해 사람들이 많이 살고 있었어요.

그들은 발해를 멸망시킨 거란을 누구보다도 미워했지요.

그래서 발해 사람들로 꾸려진 군대를 앞장 세워 거란군과 싸웠어요.

그들은 잃어버린 나라와 백성을 떠올리며 있는 힘을 다해 거란에 맞섰어요.

'고려쯤이야 별것 아니다.'라고 여겼던 거란군은 크게 당황하며

생각지 못한 패배에 사기가 떨어졌어요.

서희가 바로 이때를 노려 협상을 제안했어요.

거란이 침입했을 때 거란의 장수를 만나 협상을 제안한 사람의 이름을 찾아 밑줄 그어 보세요.

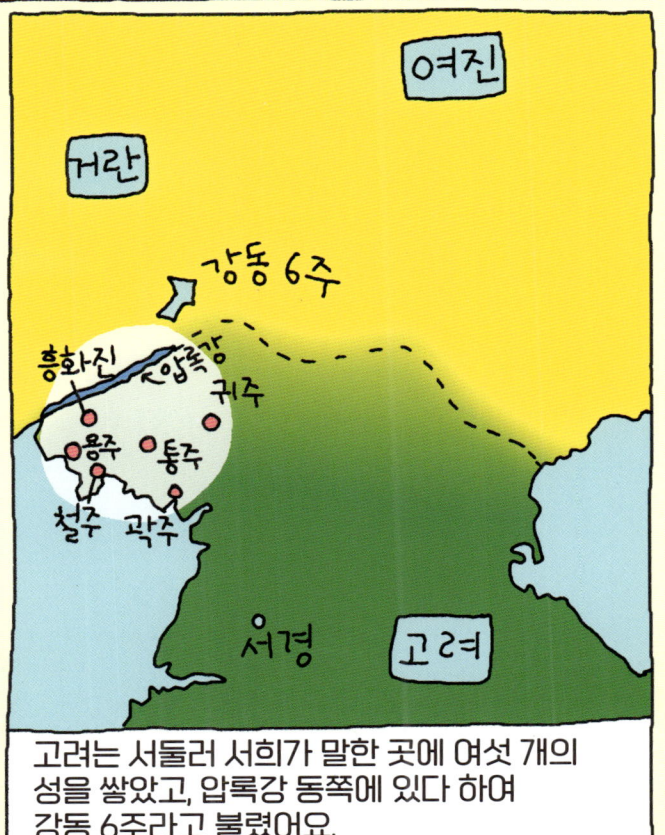

*담판: 갈등이나 문제를 풀기 위해 서로 의논하여 판단함.

거란의 두 번째 침입

강동 6주를 완성하고 국경을 튼튼히 하고 있을 무렵
고려 왕실에 혼란이 일어났어요.
그러자 거란이 고려 왕실을 돕겠다는 핑계로 또 한 번 쳐들어왔어요.
이번에는 거란의 왕 성종이 직접 40만의 군대를 이끌고 왔어요.
그런데 거란 군대는 강동 6주에서 발이 묶였어요.
고려 장군 양규의 활약에 꼼짝할 수가 없었지요.

화가 난 성종은 군대의 반을 따로 뽑아 개경으로 향했어요.
고려군이 급히 막아섰지만 끝내 패배하고 개경을 빼앗겼어요.
고려 현종은 공주를 거쳐 나주까지 피신했어요.
거란 성종은 개경을 차지하고도 강동 6주의 용맹한 고려군이 신경 쓰여서
더 이상 남쪽으로 내려갈 수 없었어요.
결국 거란은 고려 현종이 거란에 가서
인사를 한다는 조건을 받아들이고서야
물러갔어요.

거란의 세 번째 침입

고려 현종은 분했어요. 거란에게 개경을 빼앗긴 것도 참기 힘든데, 거란 땅에 직접 가고 싶지 않았어요. 고려는 거란과 관계를 끊고 다시 송나라와 만났어요. 이를 알게 된 거란은 10만 명의 대군을 고려에 보냈어요. 거란의 장군 소배압이 끌고 온 10만 명의 군사는 대단한 병사들이었어요. 그러나 고려군도 승리를 위한 모든 준비를 모두 마친 상태였지요. 총사령관 강감찬은 군사들을 잘 훈련시켜 두었고 멋진 작전도 세워 놓았지요. 그는 가죽으로 만든 둑으로 강물을 막았다가 거란군이 얕은 물을 건널 때 그 둑을 터뜨리는 작전으로 거란군을 크게 무찔렀어요. 하지만 거란군은 물러가지 않고 개경으로 향했어요.

고려군은 개경 근처에서 번번이 거란군을 막아 냈고,
드디어 귀주에서 마지막 전투가 벌어졌어요. 강감찬은 바람의 방향이 바뀔 때까지
기다렸다가 총 공격을 펼쳐 대승을 거두었어요. 살아 돌아간 거란의 병사는
수천 명에 불과했어요. 이후 거란은 더 이상 고려를 침략하지 못했어요.
강감찬은 국경에 천리장성을 쌓으며 혹시 모를 침입에 대비했어요.
강감찬은 나라를 구한 영웅이 되었어요.

북방의 두 번째 주인, 여진족이 쳐들어오다

고려와 거란의 전쟁이 끝나자 그 틈을 노리고 여진족이 쳐들어왔어요.
여진족 중에서 활 솜씨와 기마술이 뛰어난 이들은 본래 발해인들로,
발해가 멸망한 뒤 각지로 흩어져 사냥을 하며 살아가고 있었어요.
그들은 고려를 부모의 나라로 여기며 식량과 생활 도구들을
얻어 가기도 했지요.

* **기마술**: 말을 타는 기술.

그런데 완옌부의 추장인 영가라는 사람이 여진족을 통합하면서
고려와 여진족의 사이가 멀어지기 시작했어요.
영가의 뒤를 이은 우야슈는 고려를 우습게 여기며 국경 지방을
공격하기도 했어요. 우야슈가 이끄는 여진족이 거란처럼 힘이 세질 것을
걱정한 고려는 윤관을 보내 공격했지만 오히려 대패하고 말았어요.
여진족의 힘이 이미 무척 커졌던 거예요.
윤관은 척준경 장군의 도움을 받아 간신히 고려로 탈출했어요.

윤관, 별무반을 만들어 여진족을 무찌르다

윤관은 패배했지만 그 덕에 여진족의 힘을 정확히 알게 되었어요. 말을 타고 다니는 여진족을 물리치기 위해서는 기마병과 궁수들이 필요하다고 생각했지요. 그래서 윤관은 신하들의 반대에도 무릅쓰고 별무반이라는 특별 부대를 만들었어요. 그리고 여진 정벌에 나섰어요. 결과는 대승이었어요. 여진족을 쫓아낸 자리에는 아홉 개의 성을 쌓았어요. 이것을 동북 9성이라고 해요. 여진족은 분통을 터뜨리며 물러갔지만 전쟁이 끝난 것은 아니었어요.

* **기마병**: 말을 타고 전쟁에 나가는 병사.   * **궁수**: 활을 쏘는 임무를 맡은 병사.

윤관이 여진족을 물리치기 위해 만든 특별 부대의 이름을 찾아 소리 내서 읽어 보세요.

 ## 전쟁에 승리하고도 쫓겨난 윤관

여진족은 그 후에도 틈만 나면 동북 9성을 공격했어요. 때로는 사신을 보내 동북 9성을 넘겨주면 더 이상 공격하지 않겠다고 했지요.
윤관은 여진족을 막아 냈고, 그들의 요구를 들어주면 안 된다고 주장했어요.
하지만 시간이 지날수록 여진족의 요구는 끝이 없었어요. 그러자 신하들은 여진족의 요구를 들어주는 것이 나라의 평화를 위해 낫다며 윤관의 뜻을 반대했어요. 게다가 윤관의 힘이 커질 것을 시기하는 반대파의 모함도 있었어요. 결국 윤관은 무리한 전쟁을 일으켜 나라를 혼란케 한 죄를 뒤집어쓴 채 벼슬까지 빼앗겼어요. 곧 풀려나기는 했지만 윤관은 나라를 원망하며 고향으로 돌아갔어요.

그런 뒤 어떻게 되었냐고요? 동북 9성을 가져간 여진족은 더욱 힘을 키워 금나라를 세웠고, 거란족과 송나라를 쫓아내 중국의 북쪽 땅을 모두 차지했어요.

고려는 금나라를 왕의 나라로 여기며 눈치를 보게 되었답니다.
사람들은 뒤늦게 윤관의 뜻이 옳았음을 알았지만 때는 늦었지요.
한편 북쪽에서는 여진족보다 더 무서운 그림자가 다가오고 있었어요.
그들은 누구일까요? 그리고 고려의 역사는 어떻게 변했을까요?

단원 정리

알다 — 역사 용어

- **유목 민족**
  초원 지대에서 말과 양 등 가축을 기르며 사는 민족.

- **강동 6주**
  압록강 동쪽의 여섯 개 도시.

- **동북 9성**
  윤관이 한반도 동북쪽에 쌓은 아홉 개의 성.

- **별무반**
  여진족을 물리치기 위해 만든 특별 부대.

궁금하다! — 역사 생각

서희는 거란족을 어떻게 물리쳤을까요?
거란 장수 소손녕과 전쟁이 아닌 외교 담판으로 거란을 물러나게 했어요. 이때 고려는 서희의 외교 덕분에 강동 6주까지 얻었어요.

윤관이 전쟁에서 승리하고도 벼슬을 빼앗긴 이유는 무엇일까요?
여진족이 끊임없이 동북 9성을 요구하였고, 윤관의 힘이 커질 것을 시기한 반대파들의 모함으로 억울하게 쫓겨났어요.

만나다 — 역사 인물

- **서희**
  거란의 1차 침입을 막아 낸 고려의 문신이자 최고의 외교가.

- **양규**
  거란의 2차 침입 때 강동 6주를 지키며 적을 몰아 낸 고려의 장군.

- **강감찬**
  거란의 3차 침입 때 수십만의 거란군을 맞아 귀주 대첩을 승리로 이끈 고려의 문신이자 장군.

- **윤관**
  여진족의 침입 때 별무반을 만들어 여진족을 쫓아내고 동북 9성을 쌓은 고려의 장군.

가다 — 역사 장소

전쟁기념관
선사 시대부터 현대에 이르기까지 전쟁과 무기를 통해 우리 역사를 살펴볼 수 있는 곳. 서울 용산에 위치해 있음.

강감찬 전시관
강감찬의 탄생 설화와 귀주 대첩 이야기를 영상과 전시를 통해 만날 수 있는 곳. 강감찬이 태어난 낙성대(서울 관악구)에 위치함.

보다
역사 유물

강감찬 동상
말을 타고 귀주 대첩을 호령하는 용맹한 장군의 모습을 표현한 동상. 낙성대 공원에 있음.

윤관 장군의 초상화
고려의 윤관은 문신과 무관의 초상화가 있음.

윤관 장군 비석

확인하기

01 거란에 맞선 두 사람의 이름을 써 보세요.

외교 담판으로 강동 6주를 얻었다. ▶ (　　　　)
귀주 대첩으로 거란을 물리친 후 천리장성을 쌓자고 건의했다. ▶ (　　　　)

02 윤관의 업적을 올바르게 말한 어린이는 누구일까요?

① 정인: 강동 6주에서 거란의 두 번째 침입을 막아 냈어.
② 금비: 여진족을 물리치고 동북 9성을 쌓았어.
③ 서율: 흩어져 있던 여진족을 통합해 나라를 세웠어.
④ 민호: 남경 판관으로 있을 때 백성을 괴롭히는 호랑이 떼를 쫓아냈어.

03 다음 사건을 해결한 사람의 이름을 보기에서 찾아 알맞은 번호를 쓰세요.

보기　㉠ 강감찬　㉡ 윤관　㉢ 양규　㉣ 서희

① 거란의 1차 침입 (　　　) ② 거란의 2차 침입 (　　　) ③ 거란의 3차 침입 (　　　)

4장
내가 고려의 주인이오!

500년 고려의 역사 속 주인공은 누구일까요?
왕일까요, 귀족일까요? 아니면 나라를 구한 강감찬이나 윤관일까요?
이번 장에서는 고려의 숨은 주인공들을 만나 볼 거예요.
왕보다 더 큰 힘을 가졌던 이자겸, 고려의 수도를 옮기자고 주장한
묘청의 이야기도 알아보기로 해요.
차별받았던 무신들이 이끌었던 세상은 어떤 모습이었는지,
노비도 세상의 주인이 될 수 있다고 한 만적은 어떻게 되었는지 살펴보아요.
불교 국가였던 고려는 왕조차 스님을 스승으로 모셨어요.
세상에 이름을 남긴 고려의 큰 스님은 누구였을까요?
고려는 어느 시대보다도 당당했던 여인들이 살던 시대예요.
그중 최고는 고려의 여왕으로 불렸던 천추 태후가 아닐까요?
세상을 당당하게 호령한 고려의 주인공들을 만나러 가 봅시다.

997년
천추 태후,
목종을 대신하여 섭정을 시작함.

1097년
의천,
천태종을 세움.

1122년
인종,
왕위에 오름.

1126년
이자겸,
난을 일으킴.

1128년
묘청,
서경 천도를 주장함.

왕실과 결혼하여 힘을 키운 문벌 귀족

고려의 지배층인 귀족들은 서로 결혼을 하여 가문의 힘을 키웠어요.
특히 왕실과 결혼한 몇몇 가문의 힘은 정말 대단했어요. 왕의 외갓집이 되어
높은 관직을 차지하고 넓은 땅과 수많은 노비를 가질 수 있었지요.
경원 이씨, 경주 김씨, 해주 최씨, 파평 윤씨처럼 왕실 사람과 결혼을 해서
가문의 힘을 키운 사람들을 문벌 귀족이라고 해요.
또 고려 시대의 지배 세력으로써, 높은 벼슬을 한 사람들을 여러 대에
걸쳐 배출하고, 왕실의 외가 친척, 개국공신 집안, 지방 호족 세력,
신라의 귀족이나 6두품 출신 세력도 문벌 귀족이에요.

*개국공신: 나라를 세울 때 큰 공을 세운 신하.

문벌 귀족은 관직에 있는 동안 나라에서 땅을 받았고,
관직에서 물러난 이후에도 그 땅을 자식들에게 물려줄 수 있었어요.
심지어 그들의 아들은 과거 시험을 보지 않고
관직에 오를 수 있었어요.

✏️ 문벌 귀족의 뜻을 찾아 밑줄 그어 보세요.

왕의 외할아버지이자, 장인어른이었던 이자겸

문벌 귀족 중 으뜸은 누가 뭐래도 경원 이씨 집안이었어요.
인천이 고향인 경원 이씨 집안에는 왕의 부인이 된 사람이 열 명이나 되었어요.
특히 이자겸은 딸 셋을 왕실에 시집보내며 권력을 독차지했어요.
인종의 어머니는 이자겸의 둘째 딸이었고, 인종의 부인은
이자겸의 셋째 딸, 넷째 딸이었어요. 즉 인종은 이모와 결혼을 한 셈이죠.
결국 이자겸은 왕의 외할아버지이자 장인어른이었지요.
인종은 그런 이자겸을 무척 두려워했어요.

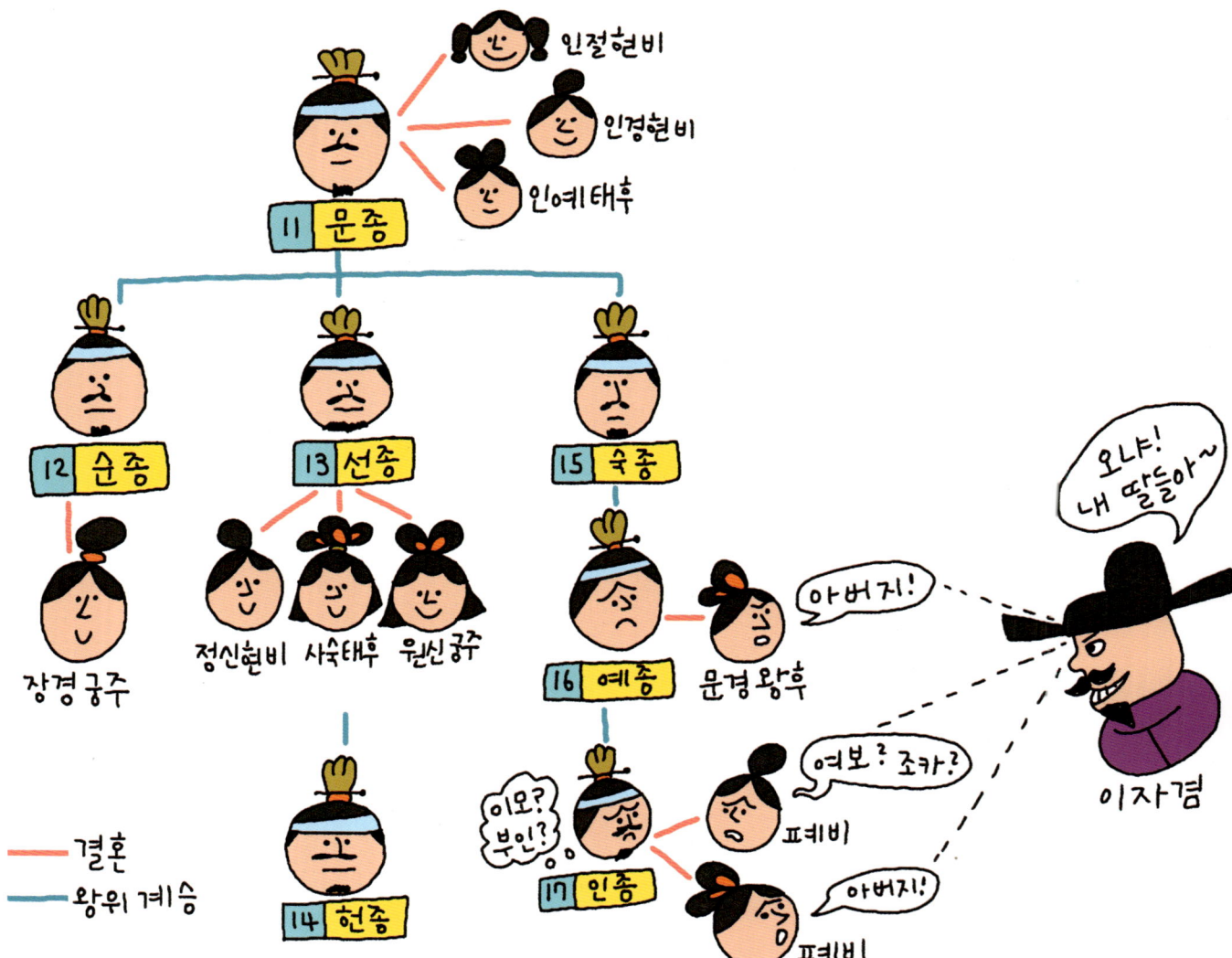

이자겸, 왕이 되기 위해 난을 일으키다

이자겸은 무서울 것이 없었어요. 궁궐 안에서도 왕을 우습게 여기고
마음 내키는 대로 행동했어요. 신하들은 왕보다 이자겸의 눈치를 더 보았어요.
이자겸의 집에는 사람들이 보낸 뇌물이 가득했어요. 음식이나 고기가 썩어 나갈
정도였지요. 보다 못한 인종은 이자겸 무리를 쫓아내려 했어요.
하지만 이를 눈치 챈 이자겸과 척준경 장군의 공격으로
궁궐은 불타고 왕은 이자겸 집에 갇혔어요. 그러나 인종은 포기하지 않고
척준경에게 이자겸을 몰아내고 충신이 되라고 했어요. 척준경은
결국 인종의 말을 따랐어요. 이자겸은 유배를 떠나 그곳에서 죽었어요.

 묘청, 수도를 서경으로 옮기자고 주장하다

이자겸의 난은 백성들에게 충격이었어요. 왕의 외할아버지가 왕을 죽이려고 궁궐에 불을 지르다니 신하들과 백성들 모두 왕실을 비웃었지요. 인종은 부끄러워서 얼굴을 들 수가 없었어요. 그때 서경(지금의 평양) 출신의 묘청 스님이 서경으로 수도를 옮기자고 주장했어요. 이것을 '서경 천도 운동'이라고 해요.
"개경에 이 같은 일이 생긴 것은 임금님 때문이 아니다. 개경 땅의 기운이 다한 탓이다. 서경으로 수도를 옮긴다면 고려가 세상을 호령할 것이다."

"수도를 서경으로 옮기면 고려가 세상을 호령한다니 이 얼마나 좋은가.
어서 묘청 스님을 들라 하라."
인종은 묘청의 말대로 수도를 옮길 생각으로 서경에
궁궐을 지으라고 명령했어요. 이 소식을 들은 서경 귀족들은 기뻐했지만,
개경 귀족들은 모두 반대했어요. 오래지 않아 나라 안의
제일 큰 도시인 개경과 서경이 서로 등을 돌리기 시작했어요.
개경파와 서경파는 서로의 주장만 펼쳤어요. 하지만 인종은 기분이 좋았어요.
이자겸의 난 이후 자신을 탓하던 신하들이 모두 자신에게 잘 보이기 위해
노력했기 때문이에요. 인종은 서경의 편을 들었다가, 또 어떤 때는
개경의 편을 들면서 확실한 결정을 내리지 않았어요.

✏️ 서경으로 수도를 옮기자고 주장한 스님의 이름을 찾아 밑줄 그어 보세요.

개경파와 서경파로 나뉘었어요

결국 고려는 서경파와 개경파로 나뉘어 또 한 번 난리가 났어요.
개경의 귀족들은 서경이 반란을 일으킨 것이라며 서경을 공격했어요.
묘청은 죽임을 당했고 서경은 큰 피해를 입었지요.
개경파를 대표한 귀족인 김부식은 큰 권력을 차지했어요.
김부식을 따르던 문신들의 힘도 점점 커졌지요. 왕은 문신들을 달래기 위해 높은 벼슬과 재물을 주었어요. 그러면서도 혹시 이자겸처럼 난을 일으키지 않을까 두려워 틈만 나면 잔치를 열어 문신들을 대접했어요.

✏️ 서경파와 개경파의 대표 인물은 누구인지 말해 본 다음, 97쪽 지도에서 개경과 서경의 위치를 확인해 보세요.

 큰소리치는 문신, 차별받는 무신

권력을 휘두르며 큰소리치는 문신들과 달리 고려의 장군인 무신들은
차별을 받았어요.
문신에게 재물이 많이 가니 무신들은 제때 봉급도 받지 못했어요.
무신은 아무리 공을 세워도 문신보다 높은 벼슬을 받지 못했지요.
잔치에 가도 참여하지 못하고 주변을 지키는 일만 도맡아 했어요.
무신들의 불만은 점점 커졌지만 아무도 그들의 마음을 알아주지 않았어요.

✏️ 무신들의 불만이 점점 커진 이유를 찾아 밑줄 그어 보세요.

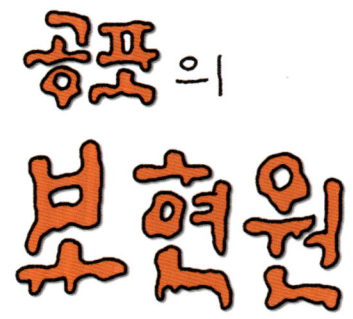

무신들의 분노가 폭발하다

한번은 김부식의 아들이 장난으로 한 장군의 수염을 촛불로 태웠어요.
무신들은 화가 났지만 김부식의 눈치를 보느라 참을 수밖에 없었어요.
몇 년 후 무신이 굴욕을 당하는 일이 또 벌어졌어요.
하루는 왕이 보현원이라는 곳에 가던 중, 신하들과 술을 마시다가
무신들에게 무술 대결을 하라고 시켰어요.
말이 무술 대결이지 구경거리밖에 되지 않았어요.
하지만 무신들은 왕의 명령이기에 어쩔 수 없이 대결을 했어요.
그런데 대장군 이소응이 대결을 하다가 힘이 들었는지 그만 물러나려 했어요.
그때 술에 취한 문신 하나가 길을 막고 대장군의 뺨을 때렸어요.
이 모습을 본 무신들은 화가 머리끝까지 났어요.
보현원에 도착한 무신들은 문신들을 모두 죽이고 왕을 쫓아냈어요.
무신들이 권력을 잡은 이 사건을 '무신 정변'이라고 해요.

60년 최씨 정권의 시작과 끝

무신 정변 이후, 장군들은 힘을 합해 고려를 이끌어 갈 생각은 하지 않고 권력을 차지하려고 서로 싸웠어요. 장군들이 싸우는 통에 고려는 혼란스러웠어요. 최고 권력자도 자주 바뀌었어요. 이때 최충헌 장군이 나타나 혼란을 멈추었어요. 최충헌은 왕을 허수아비로 만든 다음, 자신이 직접 고려를 다스렸어요. 궁궐이 아닌 안전한 자신의 집에서 정치를 했어요. 최충헌의 뒤를 이은 아들 최우, 손자 최항, 증손자 최의까지 4대에 걸친 약 60년간 최씨들이 무신 정권의 우두머리가 되어 고려를 차지했어요. 그러나 부하를 괴롭히며 정치를 함부로 했던 최의는 결국 김준 장군에게 권력을 빼앗겼고 최씨 무신 정권은 끝이 나고 말았어요.

누구나 왕이 될 수 있다! 노비 만적의 외침

최충헌의 노비였던 만적은 천민(가장 낮은 계급)이라는
자신의 신분이 억울했어요.
노비로 태어났다는 이유만으로 사람대접을 못 받고,
평생 주인을 위해 일해야 하다니 너무 불공평하다고 생각했어요.
그래서 노비들에게 말했어요.
"듣자 하니 이의민 장군도 우리 같은 천민이었다.
태어나면서부터 왕과 왕비, 장군, 재상이 되는 법이 어디 있느냐?
우리도 얼마든지 왕이 될 수 있다!"
만적은 뜻을 함께하는 노비들과 힘을 모았어요.
하지만 누군가가 고자질하는 바람에 붙들려
그만 목숨을 잃고 말았어요.
하지만 신분 차별이 옳지 않다는 만적의 주장은 역사에
오래오래 남아 많은 이들에게 용기를 주었답니다.

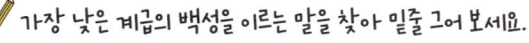
가장 낮은 계급의 백성을 이르는 말을 찾아 밑줄 그어 보세요.

왕자가 승려가 되었대

고려는 백성부터 왕에 이르기까지 모두 불교를 믿었어요.
고려의 승려는 당시 누구보다 사람들의 존경을 받았어요.
그러다 보니 왕자 중에서도 왕실을 떠나 승려가 되는 경우가 있었어요.
문종의 넷째 아들인 의천은 열한 살에 출가를 했어요.
고려 제일의 승려인 경덕 국사의 제자가 되어 열심히 수행했지요.
문종은 승려가 된 아들을 기특하고 자랑스럽게 여겼어요.
얼마 뒤 의천은 송나라로 갔어요. 그곳에서 중국과 인도의 승려들과
공부했어요. 공부를 마친 의천은 불경 3,000여 권을 가지고
고려로 돌아왔어요. 그후 그는 여러 갈래로 갈라진 불교를 하나로
합하기 위해 노력했고, 고려 제일의 승려가 되어 대각 국사로 불렸다고 해요.

왕사와 국사, 누가 더 높을까?

고려 시대 승려들은 시험을 보고 한 단계 한 단계 품이 올라갔어요.
마치 태권도 같지요? 시험에 합격하면 '대선'이 되었고
가장 높이 올라가면 '승통'이나 '대선사'로 불렸어요.
승통이나 대선사는 승려에게 더 없이 높은 명예였지요.
그중에서도 최고의 승려에게는 나라에서
'국사'나 '왕사'라는 이름을 붙여 주었어요.
국사는 나라의 스승이라는 뜻이고, 왕사는 왕의 스승이라는 뜻이에요.
그럼 국사와 왕사 중에 누가 더 높을까요?
고려의 스승인 국사가 왕사보다 더 높다고 할 수 있어요.
그러나 실제로는 왕과 자주 만나는 왕사의 힘이 더 셌으니,
국사와 왕사는 우열을 가리기 힘든 고려 최고의 승려들이에요.

왕사와 국사의 뜻을 찾아 밑줄을 긋고, 소리 내 읽어 보세요.

# 16국사를 배출한 송광사와 지눌 스님

고려 최고의 승려인 국사를 무려 열여섯 명이나 배출한 절이 있어요. 전라남도 순천에 있는 송광사예요. 송광사에서 국사가 가장 많이 나온 비결은 무엇일까요? 송광사를 세운 지눌 스님 덕분이에요.

지눌 스님이 있을 때 고려는 무신 정권 시기였어요. 당시에 많은 스님들이 무신의 편에 서서 백성들을 괴롭히며 재물을 차지하기 바빴어요. 이 모습을 보며 슬퍼하던 사람이 지눌 스님이에요.

"세상이 잘못되고 있구나. 욕심을 버리고 수행에 힘써야 할 승려들이 어찌하여 재물을 탐하며 백성을 괴롭힌단 말인가! 나부터 스스로 밭을 갈고 옷을 지어 입으며 수행에 정진해야겠다."

지눌 스님은 개경을 떠나 순천 조계산 자락에 머물며 농사를 짓고 옷을 해 입으며 수행에 힘썼어요. 불교 공부도 열심히 해서 나라 안에서 제일가는 승려로 이름을 떨쳤지요. 제자들도 그를 따라 일하고 열심히 공부했어요. 덕분에 국사의 명예가 수백 년 동안 이어졌답니다.

지눌 스님

송광사

고려 최대의 행사, 팔관회와 연등회

고려 시대 사람들이 손꼽아 기다리는 가장 즐거운 날은 언제였을까요?
바로 팔관회가 열리는 날이에요. 팔관회는 불교 행사지만 부처님뿐 아니라
하늘신, 용왕신 등 여러 신들에게 제사를 지내며 나라의 안녕을 비는
고려 최대의 행사였어요. 춤과 노래, 제사와 공연이 어우러진 팔관회는
어찌나 규모가 크고 화려한지 외국에서 온 사신들과 상인들도
이날을 기다렸다고 해요. 연등회라는 불교 행사도 있었어요.
형형색색의 연등을 매달고 탑을 돌며 소원을 비는 날이에요.
팔관회는 사라졌지만 연등회는 지금도 남아 전통을 잇고 있답니다.

역시 고려의 팔관회는 최고♡

천추 태후, "나는 고려의 여왕이다!"

천추 태후는 목종의 어머니로, 아들을 대신해 고려를 다스렸어요.
강한 고려를 꿈꾼 천추 태후는 거란의 눈치만 살피던 오빠 성종과는
다른 정책을 펼쳤어요. 천추 태후는 국경 지대에 성을 쌓고 군사를 훈련시켰어요.
용맹한 장수들을 배치시켜 거란의 침입에 대비했어요. 거란은 천추 태후가
고려를 다스리는 동안 고려에 얼씬도 하지 않았어요.
천추 태후는 왕이 아닌 왕의 어머니였지만 사람들은 그가 고려를 다스린다고
생각했어요. 하지만 성종의 옛 신하들은 그런 천추 태후를 못마땅하게 여겼어요.
결국 천추 태후는 반대파의 반란으로 아들 목종을 잃고 고향으로 쫓겨났어요.
천추 태후가 물러나자 거란이 기다렸다는 듯 고려를 쳐들어왔어요.
놀랍게도 그때 거란을 막아선 이들은 새로 왕위에 오른 현종과
신하들이 아니라, 천추 태후가 만든 성과 그가 훈련시킨 장수들이었어요.
그 사실만으로도 천추 태후가 얼마나 대단한 사람이었는지 알 수 있어요.

***태후**: 황제의 살아 있는 어머니.

 고려 시대 여성들은 어떤 대우를 받았을까?

고려 시대 여성들은 남성들과 비교해 어떤 대우를 받았을까요?
조선 시대 때처럼 차별을 받으며 살았을까요?
그들은 관리가 되지 못했을 뿐 무엇이든지 할 수 있었어요.
집안의 제사도 아들딸 차별 없이 차례대로 지냈고 재산도 공평하게 나누었어요.
아버지가 높은 관직을 해서 자녀들에게 혜택을 줄 때도 마찬가지였어요.
아버지가 돌아가시면 아들이 아닌 어머니가 집안의 주인이 되었어요.
이 모든 것이 법으로 정해져 있었어요. 그러다 보니 결혼을 해도 남편이
아내의 집에 가서 함께 사는 경우도 많았어요.
고려는 여성들이 하고 싶은 말을 자유롭게 할 수 있는 나라였어요.
그래서 고려에는 여성들에게 혼쭐나는 남성들의 이야기가 많이 전해져요.

단원 정리

알다 — 역사 용어

- ☑ **문벌 귀족**
  고려 시대의 지배층이 된 세력.
- ☑ **서경 천도 운동**
  고려의 도읍지를 서경(평양)으로 옮기자는 주장.
- ☑ **무신 정변**
  무신들이 문신들을 죽이고 권력을 차지한 사건.
- ☑ **연등회**
  연등을 달고 탑을 돌며 소원을 비는 불교 행사.
- ☑ **팔관회**
  불교 의식과 함께 제천, 토속신 제사 등 고려 최대의 종교 행사.

궁금하다! — 역사 생각

도읍지를 옮기자는 말에 왕이 솔깃한 이유는?
이자겸의 난으로 땅에 떨어진 왕실의 권위를 되살릴 기회로 여겼기 때문이에요.

왜 무신은 차별을 받았을까요?
문벌 귀족이 권력의 중심이 되면서 왕과 정치를 의논하는 문신이 무신에 비해 대우를 받았어요.

노비 만적이 난을 일으킨 까닭은?
만적은 태어날 때부터 신분이 정해지는 것은 부당하다 생각했어요. 왕과 귀족을 몰아내고 누구나 고려의 주인이 되는 세상을 꿈꿨어요.

고려 시대 여성의 지위는 어땠나요?
고려 여성들은 관직에만 나가지 못할 뿐, 모든 면에서 남성과 비교해 차별받지 않았어요.

만나다 — 역사 인물

이자겸
왕의 외할아버지이자 장인으로, 권력을 모두 가졌던 인물.

묘청
도읍을 서경으로 옮기자고 주장한 인물.

김부식
수도를 서경으로 옮기자는 묘청의 주장에 반대함. 관직에서 물러난 후 『삼국사기』를 씀.

최충헌
이의민을 몰아내고 최씨 무신 정권 60년 시대를 열었음.

의천
왕자 출신의 승려. 여러 불교를 하나로 합하기 위해 노력함.

지눌 스님
송광사를 세우고 삐뚤어진 불교를 바로 잡기 위해 노력함.

천추 태후
목종의 어머니로 아들을 대신해 고려를 다스림.

만적
신분 차별을 없애기 위해 난을 일으킨 인물.

 가 다
역사 장소

보 다
역사 유물

원인재(인천)
고려 최대의 문벌 귀족인 이허겸(이자겸의 할아버지)의 묘와 사당.

선원사지(강화)
무신 정권 집권자인 최우가 자신을 위해 세운 절. 팔만대장경을 처음 보관했던 곳.

최충헌 묘지명
최씨 무신 정권 시대를 연 최충헌의 묘지명. 현재 일본의 국립도쿄박물관에 있으며, 우리나라에는 국립제주박물관에서 탁본을 볼 수 있음.

『삼국사기』
삼국 시대 역사를 다룬 책으로, 김부식이 씀.

✏️ 확인하기

01 역사적 사건과 관계있는 인물을 바르게 연결해 보세요.

 이자겸 •   • 서경 천도 운동

 묘 청 •   • 무신 정권

 최충헌 •   • 이자겸의 난

02 고려 시대 불교에 대해 바르게 말한 어린이는 누구일까요?

① 하엘: 왕자는 스님이 될 수 없었대.
② 현서: 왕의 스승인 왕사와 고려의 스승인 국사는 최고의 스님들이었어.
③ 지훈: 지눌 스님은 문종의 아들로, 중국에 가서 공부를 했어.
④ 윤성: 팔관회는 연등을 달고 탑을 돌면서 소원을 비는 행사야.

5장
세계 최강, 몽골에 맞서라!

거란을 물리치고 여진과도 맞선 고려였지만, 이번 북방 민족은
상대하기가 너무나 힘들었어요. 그들은 전 세계를 공포에 떨게 한
몽골족이에요. 아시아를 넘어 유럽까지 정벌한 몽골은
동쪽으로 말머리를 돌려 거대한 중국 땅으로 향했어요.
아시아 대륙의 동쪽 끝에 있는 고려도 결코 안전하지 못했지요.
고려 왕과 신하들은 강화로 수도를 옮기고 몽골과의 결전을 준비했어요.
고려는 나라 곳곳을 몽골군에 짓밟혔지만 끝내 무릎을 꿇지 않았어요.
고려 백성들은 스스로 성을 지키며 나라를 위해 힘을 모았어요.
하지만 몽골은 중국 대륙까지 차지하며 점점 힘이 세졌어요.
세계 최강 몽골에 맞선 고려의 운명은 어떻게 되었을까요?

1206년
몽골의 테무친,
칭기즈 칸이 됨.

1218년
고려, 몽골과 함께
거란을 물리침.

1231년
몽골 1차 침입,
귀주성 전투에서 승리함.

1232년
몽골 2차 침입,
처인성 전투에서 승리함.
수도를 강화도로 옮김.

1238년
황룡사 9층 목탑,
몽골 침입으로 소실됨.

1253년
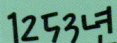
김윤후, 충주성 전투를 승리로 이끎.

1254년
몽골 6차 침입, 고려가 큰 피해를 입음.

1259년
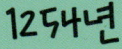
고려 태자, 몽골로 감.

1270년
개경으로 수도를 다시 옮김.

1273년

삼별초, 몽골과 최후의 혈전을 치름. 원의 간섭기가 시작됨.

 # 몽골 제국, 세계를 정복하다

초원의 작은 부족장인 예수게이는 아들 테무친에게 예로부터
전해 오는 전설을 들려주었어요.
"우리의 시조는 푸른 늑대란다. 저 드넓은 초원 모두가 푸른 늑대의 땅이지.
비록 지금은 우리 후예들이 별처럼 흩어져 살고 있지만
언젠가는 하나로 뭉쳐 세상에 우뚝 설 날이 올 것이다.
너는 위대한 푸른 늑대의 후예라는 것을 잊지 말아라."

테무친은 푸른 늑대로 불리는 군대를 이끌고 이웃 부족을 하나씩 합하여
몽골족을 통일했어요. 이제 테무친은 칭기즈 칸으로 불렸어요.
'칸'은 몽골어로 왕이라는 뜻이에요. 칭기즈 칸은 여러 민족들을
물리치고 중앙아시아를 차지했어요. 중국의 북쪽을 차지하고 있었던
금나라마저 이겼지요. 나아가 서아시아 지역까지 영토를 넓히면서
역사상 가장 넓은 영토를 차지하게 되었어요.

그런데 세상을 호령하던 칭기즈 칸이 사냥을 하다가 말에서 떨어져
탕구트족과의 마지막 전쟁을 앞둔 채 눈을 감았어요. 칭기즈 칸의 후손들은
푸른 늑대의 전설을 이어 받아 탕구트족을 정벌한 후 더 먼 곳까지 정복 전쟁에 나섰어요.
칭기즈 칸의 손자 바투는 유럽으로 향했어요. 그는 유럽 연합군을 물리친 후,
러시아와 동유럽까지 손에 넣었어요. 또 다른 손자 훌라구는 이슬람 세력을 물리치고
서아시아 지역을 차지했어요. 마지막으로 쿠빌라이는 중국 대륙을 정복했지요.
칭기즈 칸의 손자들이 마침내 할아버지의 꿈을 이루었어요.
세계 최초로 유럽과 서아시아, 중국까지 차지한 몽골 제국이 탄생했어요.

 고려와 몽골의 첫 만남

1218년 칭기즈 칸은 카치온 장군을 보내 거란을 공격했어요.
그런데 거란이 몽골군에 쫓기다가 고려로 들어왔어요.
고려에서는 김취려 장군을 보내 거란을 막았고,
몽골과 연합해 거란을 물리쳤어요.
몽골 장군이 고려에 승리를 함께 축하하자고 했어요.
두 나라는 잔치를 벌였고 장군과 군사들은 흥겹게 하루를 보냈어요.
"만 리 밖에서 온 우리가 고려와 힘을 합해 적을 격파하니
천년 동안에도 보기 드문 행복입니다."
고려와 몽골 병사들은 서로 형제애를 맹세했어요.
고려와 몽골의 첫 만남은 이렇게 화기애애한 분위기였지요.

하지만 얼마 지나지 않아 두 나라 사이에 어두운 먹구름이 몰려왔어요.
몽골은 처음에 고려와 사이좋게 지내는 듯했지만 곧 본 모습을 드러냈어요.
고려까지 차지하고 싶은 마음이 든 거예요.
하루는 몽골에서 저고여라는 사신이 왔어요.
"거란을 물리친 것은 몽골 덕이니 우리에게 세금을 내시오."
"고려도 함께 거란을 물리쳤는데 어찌하여 그토록 많은 세금을
요구한단 말이오? 이것이 형제를 맹세한 사이라 할 수 있소?
이런 식이면 우리 고려는 몽골과 친하게 지낼 수 없소!"
고려는 몽골의 무리한 요구를 받아들일 수 없었어요.

몽골이 고려에 쳐들어오다

저고여는 원하는 답을 듣지 못한 채 몽골로 돌아가던 중에, 압록강 근처에서 목숨을 잃었어요. 범인은 끝내 밝혀지지 않았어요. 몽골은 이 사건을 이유 삼아 고려로 쳐들어왔어요. 30년에 걸친 여몽 전쟁(고려와 몽골의 전쟁)이 시작된 거예요. 몽골 군대는 소문보다 더 무서웠어요. 어느 민족보다 말을 잘 타니 아무도 몽골군을 따라잡을 수 없었지요. 전 세계를 누비며 배운 전투 기술 또한 맞설 자가 없었어요. 몽골의 침입으로 고려에 있는 수십 개의 성이 순식간에 불타고 부서졌어요. 오직 귀주성만 몽골의 침입을 막아 냈어요. 그러자 몽골군은 귀주성을 버려둔 채 개경으로 향했어요. 고려는 개경이 포위되자 엄청난 재물을 바치고 몽골에 화해를 청했어요. 몽골은 고려를 감시할 관리인 '다루가치' 72명을 고려에 두기로 하고 돌아갔어요.

하지만 당시 무신 정권을 이끈 최우는 몽골군이 물러가자마자 회의를 열고 몽골에 끝까지 맞섰어요. 우선 개경에서는 적을 막기가 어려워서 도읍을 옮기기로 했어요. 그곳은 바다 건너 큰 섬인 강화도였어요.

✏️ 몽골이 고려를 감시하기 위해 보낸 관리를 이르는 말을 찾아 밑줄 그어 보세요.

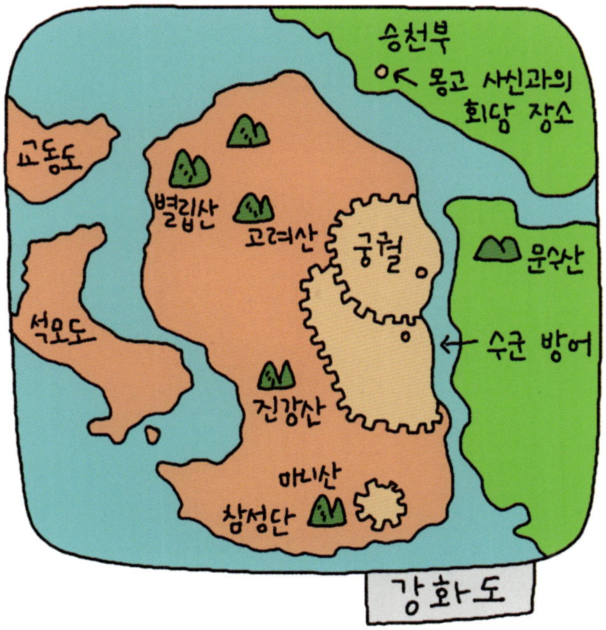

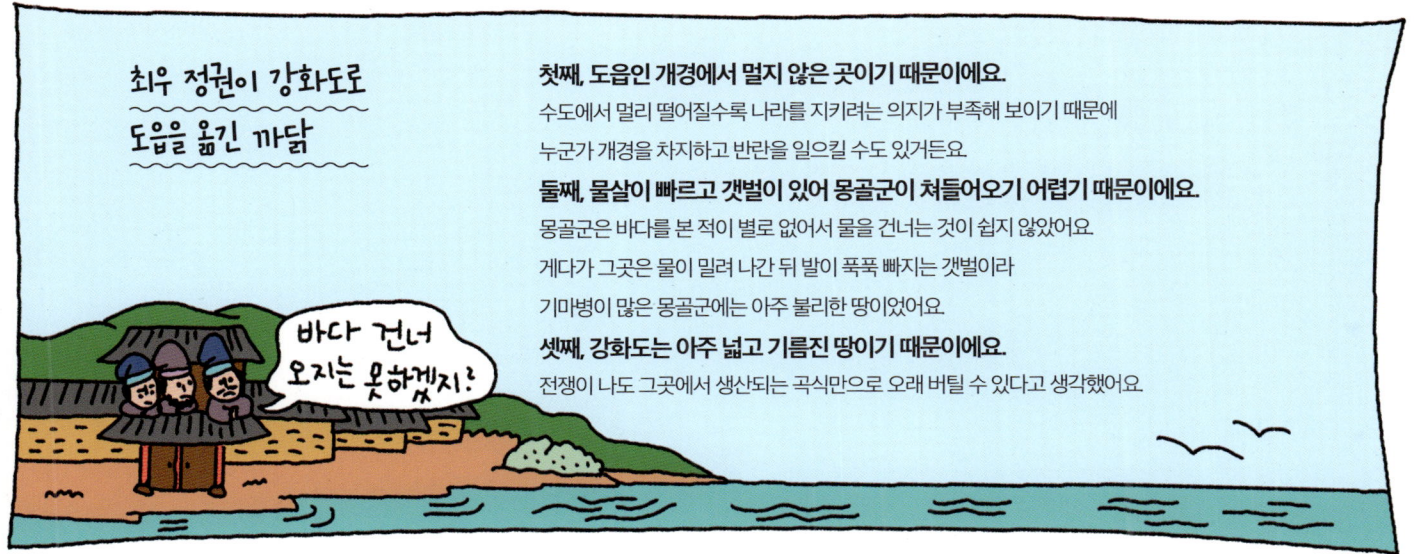

최우 정권이 강화도로 도읍을 옮긴 까닭

첫째, 도읍인 개경에서 멀지 않은 곳이기 때문이에요.
수도에서 멀리 떨어질수록 나라를 지키려는 의지가 부족해 보이기 때문에 누군가 개경을 차지하고 반란을 일으킬 수도 있거든요.

둘째, 물살이 빠르고 갯벌이 있어 몽골군이 쳐들어오기 어렵기 때문이에요.
몽골군은 바다를 본 적이 별로 없어서 물을 건너는 것이 쉽지 않았어요. 게다가 그곳은 물이 밀려 나간 뒤 발이 푹푹 빠지는 갯벌이라 기마병이 많은 몽골군에는 아주 불리한 땅이었어요.

셋째, 강화도는 아주 넓고 기름진 땅이기 때문이에요.
전쟁이 나도 그곳에서 생산되는 곡식만으로 오래 버틸 수 있다고 생각했어요.

김윤후, 몽골군에 고려를 지키다

고려가 강화도로 도읍을 옮겼다는 이야기가 전해지자
몽골은 총사령관 살리타가 군대를 이끌고 고려에 다시 쳐들어왔어요.
이번에는 개경을 함락한 후 남경(서울)까지 차지했어요.
하지만 고려는 결코 항복하지 않았어요.
화가 난 살리타는 군대를 나누어 고려를 공격하라고 명령했어요.
자신이 직접 처인성(경기도 용인)을 공격하기로 하고요.
그런데 아무도 생각하지 못한 뜻밖의 일이 벌어졌어요.
처인성 근처에는 숯을 만들어 파는 사람들이 많이 살았어요.
그들은 정해진 지역을 벗어나면 벌을 받는 부곡민 신분이었기 때문에,
몽골군이 무서워도 처인성을 떠날 수가 없었어요.
그 소식을 들은 승려 김윤후는 부곡민들과 함께 처인성을 지키기로
결심했어요. 처인성의 지리를 잘 알고 있던 김윤후와 부곡민들은
마을에 들어온 몽골 대장 살리타를 발견했어요.
김윤후가 쏜 화살은 살리타를 정확하게 맞혔어요.
몽골군은 대장이 전사하자 물러갔답니다.

몽골군의 대장을 물리친 뒤, 노비들과 끝까지 충주성을 지킨 승려의 이름을 찾아보세요.

이 소식을 알게 된 고려의 왕은 김윤후를 장군으로 임명하였어요.
김윤후는 충주성을 지키러 가게 되었어요. 얼마 뒤 몽골이 또 쳐들어왔고
그는 충주 사람들과 힘을 합해 다시 몽골군을 물리쳤어요.
이 전쟁에서 가장 앞장서서 싸운 사람들은 누구였을까요?
바로 노비들이에요. 김윤후가 그들에게 노비 신분에서 해방시켜 주겠다면서
노비 문서를 불태워 버렸거든요. 그는 마지막 순간까지 물러서지 말자며 격려했고
이에 감격한 노비들은 목숨 바쳐 싸웠어요. 그들과 함께 충주성을 지킨 김윤후는
고려의 영웅이 되었어요. 하지만 고려 전체를 지킬 수는 없었어요.
계속된 몽골의 공격으로 백성들이 서서히 지쳐 갔지요.

몽골과 끝까지 싸운 삼별초의 최후

삼별초는 최씨 무신 정권을 지키는 군대예요.
무신 정권의 우두머리 최우가 직접 만들었지요.
삼별초는 강화도를 지키며 왕을 감시하고 몽골군과 맞서 싸웠어요.
그러다 보니 몽골과 고려의 왕 모두 삼별초를 무척 싫어했어요.
그런 이유로 삼별초는 무신 정권이 끝나고 전쟁을 멈추는 조건으로
왕이 개경으로 돌아가자, 강화도에 계속 있을 수가 없었지요.
그렇다고 개경으로 돌아갈 수도 없었어요.
고려 조정에서는 삼별초를 왕을 괴롭힌 반란군이라고 했어요.
몽골도 이 기회에 삼별초를 모두 없애고 싶어 했어요.
결국 삼별초는 남쪽의 큰 섬인 진도로 가서 성을 쌓고 몽골과
고려 조정에 맞서 싸웠어요. 진도에서 다시 탐라(제주도)로 가서
끝까지 저항했지만 몽골과 고려 조정의 공격에 최후를 맞이했어요.

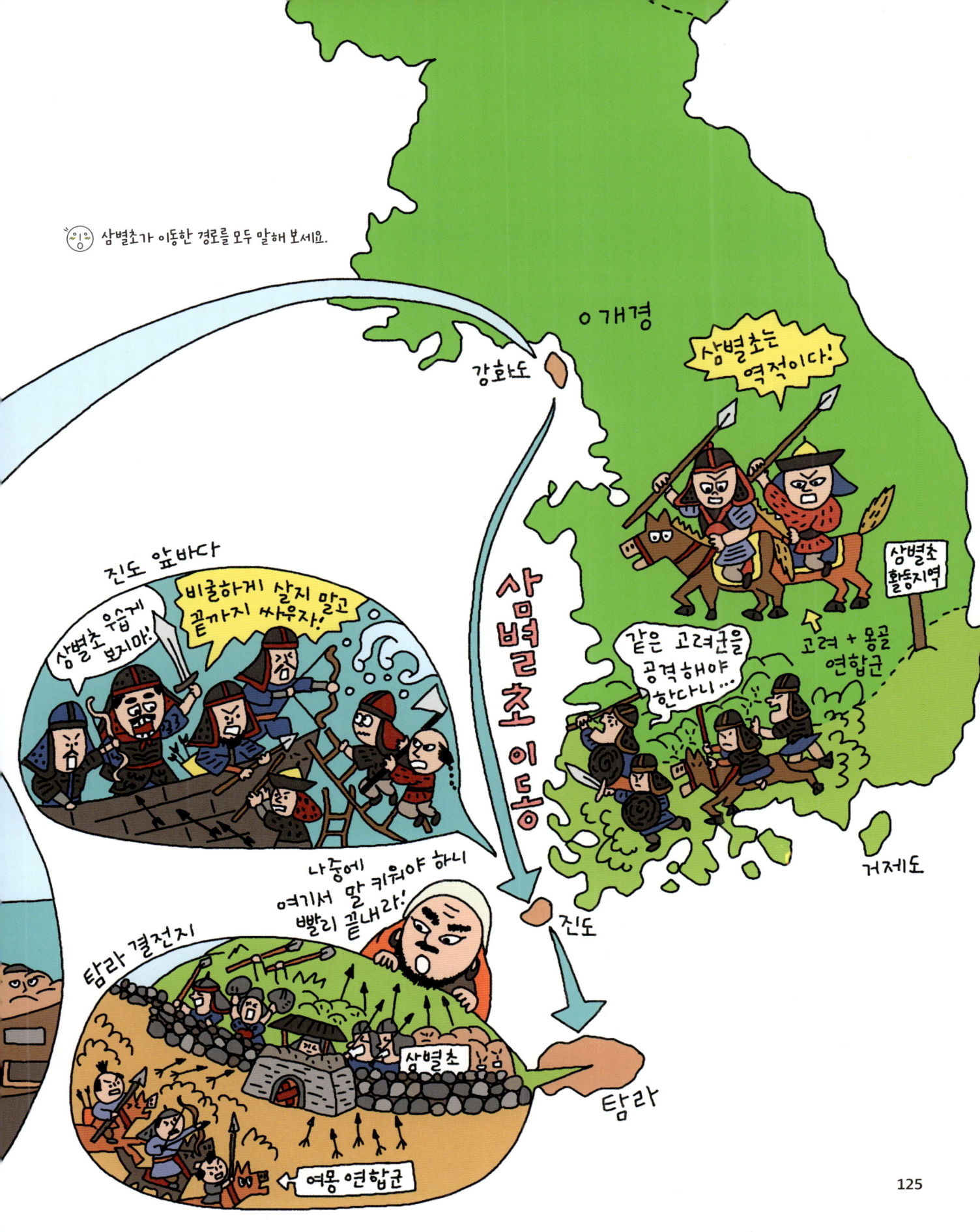

짓밟힌 국토, 사라진 문화유산

30년 가까이 전쟁이 끊이질 않자 나라 곳곳이 황폐해졌어요.
백성들은 다치거나 죽고, 농사지을 땅은 버려져 잡초만 가득했지요.
더 안타까운 것은 수백 년을 지켜 온 아름다운 문화유산이
약탈당하고 불타 버린 거예요.
"아니, 이렇게 큰 종이 고려에 있다니!
이 종을 우리 몽골로 가져가야겠다. 어서 배에 실어라."
성덕 대왕 신종보다 훨씬 더 큰 황룡사 대종을 싣고 떠난
몽골의 배는 동해에서 풍랑을 만나 가라앉았어요.
고려의 자랑이었던 대장경은 불타 버리고 경주의 황룡사 9층 목탑도
일주일 넘게 불에 타서 잿더미가 되었어요.
"안 돼! 부처님 말씀이 적힌 대장경이 불타 버리다니!"
탑과 불상은 깨지고, 고려청자와 장신구는 몽골에 빼앗겼어요.
빛나는 고려의 문화유산과 삼국 시대로부터 내려오던 귀한 유물들이
몽골의 침입으로 사라지는 비극을 맞았어요.

몽골에 의해 불에 타고 약탈당한 우리 문화재를 본문에서 찾아보세요.

고려 왕자, 원나라 공주와 결혼하다

60년간 고려를 지배했던 최씨 무신 정권이 끝이 나자, 고종이 몽골에 화해를 요청했어요. 몽골 역시 고려와 계속 전쟁하는 것이 무리라는 생각에 고종의 요청을 받아들였어요. 고종은 왕자를 몽골로 보냈어요. 그런데 마침 몽골에서 칸(최고 지위의 사람)의 자리를 두고 쿠빌라이와 아리크부카가 싸우고 있었어요. 왕자는 생각지 못한 상황에 혼란스러웠어요. 둘 중에 한 사람만 칸이 되는 것이니 선택을 잘해야 했어요. 그는 고민 끝에 쿠빌라이를 찾아갔어요. 다행히 쿠빌라이가 몽골의 칸이 되었어요. 쿠빌라이는 자신을 칸으로 인정하고 찾아온 고려에 고맙다고 했어요.

몽골의 칸이 된 쿠빌라이는 1271년 '원'으로 나라 이름을 바꾸고 황제가 되었어요.
쿠빌라이는 어려울 때 자신을 도와준 고려에 대한 보답으로
고려 왕실과 고려의 풍습을 인정해 주었어요.
몽골은 원래 자신과 싸운 나라는 멸망시켰는데 이런 경우는 처음이었어요.
원종은 고려를 지키려면 원나라 황실과 결혼하는 수밖에 없다고 여겨
아들 충렬왕을 쿠빌라이 칸의 막내딸과 결혼을 시켰어요. 이때부터 고려는
원나라의 부마국(사위의 나라)이 되었어요. 몽골족을 제외하고
원나라 황실과 대대로 결혼을 한 나라는 전 세계에서 오직 고려뿐이에요.
원나라 공주를 따라 많은 몽골인들이 고려로 오고, 고려인들도 원나라로 갔어요.
비록 원나라가 고려인을 자신들과 똑같이 대한 것은 아니지만
고려는 전쟁의 위협에서만은 벗어날 수 있었어요.

몽골풍과 고려양이 유행했어요

원나라는 고려를 인정한다면서도 틈만 나면 나랏일에 사사건건
간섭을 했어요. 심지어 이것저것을 바치라고 요구했어요.
이때를 '원 간섭기'라고 해요. 하지만 고려 왕은 원나라의 간섭을
막기보다는 그들을 따르며 자신의 권력을 지키는 일에 더 관심이 많았어요.
왕은 원나라 옷을 입고 다니고 그들의 풍습을 더 좋아했어요.
신하들도 원나라 풍습을 따랐어요. 사람들은 매를 사냥하고,
원나라 머리 모양인 변발을 했어요. 원나라 음식을 즐겨 먹고
몽골말을 썼지요. 이렇게 고려에서 유행한 원나라의 풍속을
'몽골풍'이라고 해요. 원나라에서도 고려의 많은 것들이 유행했어요.
고려의 과자, 청자, 옷이 날개 돋친 듯 팔렸어요.
'고려양'은 원나라에서 유행한 고려의 풍속이에요.
원 간섭기에는 몽골말을 잘하고 원나라 사람과 친한 사람이 출세를 했어요.
그들은 고려인이지만 원나라를 주인으로 생각했어요.
사람들은 그들을 '친원파', '부원파'라고 부르며 손가락질했어요.

*변발: 남자의 머리를 뒷부분만 남기고 깎아 땋은 머리. 원나라 풍습.

고려의 음식 문화를 알아볼까?

고려 시대에는 음식 문화가 두 번 바뀌었어요.
처음에는 불교가 널리 퍼지며 고기 대신 나물과 버섯,
해조류(미역, 다시마, 김 등)를 즐겨 먹었어요.
특히 부족한 단백질을 보충하기 위한 콩 요리가 많이 발달했어요.
그중 콩으로 만든 두부는 정말 인기가 좋았어요.
부드러운 것부터 메주처럼 단단한 것까지, 만들지 못하는 두부가 없었지요.
고려의 두부는 원나라 황제도 부러워했다고 해요.
원나라 간섭기에는 고려 음식에 변화가 생겼어요.
고기를 즐겨 먹는 몽골의 식생활 문화가 자연스럽게 고려에 전해졌어요.
소나 돼지의 창자에 여러 재료를 넣어 찌는 몽골의 전통 음식은
고려에서는 순대가 되었어요.
고기를 물에 넣고 끓이는 음식인 슈루는 고려에서 설렁탕이 되었어요.
어른들이 마시는 소주 역시 몽골에서 전해진 음식이에요.
이처럼 고려 사람들이 먹었던 몽골 음식들이
지금까지 우리 곁에 남아 있어요.

*__부원배__: 고려 시대에 원나라의 힘을 등에 업고 출세한 사람들.

 흔들리는 원나라, 자주 국가로 거듭나려는 고려

원나라 간섭기 때, 고려 왕의 이름에 충성한다는 뜻으로 '충(忠)' 자를
붙였어요. 원나라에 충성한다는 뜻이에요. 하지만 충렬왕처럼 원나라를 열심히
돕는 왕도 있었지만, 충목왕처럼 고려를 개혁하려 노력한 왕도 있었어요.
아쉽게도 원나라의 방해로 성공하지는 못했지만요.
원나라는 탐라(제주도)를 목장으로 만들었어요. 고려 북쪽에 군대를 두어
고려를 감시했어요. 충숙왕은 원나라가 두려워서 정치하기를 포기했어요.
하지만 충숙왕의 아들 공민왕은 달랐어요. 언젠가 반드시 고려를
일으켜 세울 기회가 올 거라고 굳게 믿고 있었어요.
몽골족이 세운 원나라가 중국을 다스린 지 80년이 지났어요.
원나라는 서로 황제 자리를 차지하기 위해 싸우느라 혼란스러웠어요.
중국 땅의 원래 주인이었던 한족들은 나라를 되찾기 위해 힘을 모았어요.
머리에 붉은 두건을 맨 홍건적이 가장 앞장서서 원나라에 맞섰어요.

원나라는 홍건적에 맞서느라 고려에 신경 쓰지 못했어요.
공민왕은 홍건적의 힘이 원나라 못지않게 강하다는 것을 알아챘고,
그때가 기회라고 생각했어요. 그래서 제일 먼저 고려를 감시하는
원나라 군대를 몰아내고 철령위라는 땅을 되찾았어요.
그런데 원나라와 친한 고려의 귀족들은 이를 못마땅하게 여기고 공민왕을
방해했어요. 공민왕이 힘을 가지면 자신들을 내쫓을까 봐 두려웠던 거예요.
공민왕은 반드시 고려를 개혁하겠다고 다짐했어요.
다음 권에서 고려 말과 조선의 건국 과정을 알아보기로 해요.

단원 정리

 알다 — 역사 용어

☑ **다루가치**
몽골에서 고려를 감시하기 위해 보낸 관리.

☑ **삼별초**
최씨 무신 정권이 조직하여 무신 정권을 수호하였고, 군인과 경찰의 임무를 한 조직.

☑ **원 간섭기**
고려 역사에서 원나라의 간섭을 받았던 시기.

 만나다 — 역사 인물

칭기즈 칸
몽골족을 통일하고 세상에서 가장 넓은 제국을 세운 인물.

김취려
거란의 저승사자로 불렸던 용맹한 장군.

김윤후
몽골로부터 처인성과 충주성을 지켜낸 장군.

역사 생각 궁금하다!

몽골 사신 저고여를 죽인 범인은 누구일까요?
고려를 침입할 이유를 만들기 위해 몽골이 꾸민 일이라는 주장과 저고여에게 무시당한 고려인이 벌인 일이라는 주장이 있어요. 역사 기록이 발견되지 않았기에 정확히 알 수 없어요.

강화도로 도읍을 옮긴 까닭은 무엇일까요?
강화도는 땅이 넓고 비옥하여 먹을거리가 풍부하고, 물살이 강해 적의 침입을 막을 수 있는 곳이기 때문이에요.

삼별초는 왜 끝까지 저항했을까요?
최우가 만든 군대인 삼별초는 무신 정권이 무너지자 오갈 데 없는 처지가 되었어요. 그들은 살아남기 위해 끝까지 고려 왕실과 몽골에 저항했어요.

 가다 — 역사 장소

운주사
고려 시대에 세워진 절로, 수많은 탑과 불상으로 이름난 곳.

황룡사지
우리나라에서 제일 큰 절이었는데 몽골의 침입으로 불타 사라지고 터만 남음.

처인성
몽골 장수 살리타를 죽이고 승리를 거두었던 성.

강화 고려 궁지
강화도에 남아 있는 고려 시대의 궁궐터.

충주박물관
충주의 역사를 한눈에 만날 수 있는 곳으로, 몽골 침입의 역사와 유물도 함께 살펴볼 수 있는 곳.

역사 유물

팔만대장경
부처의 힘을 빌려 몽골을 물리치기 위해 정성을 다해 만든 불교 경판. 목판 8만여 장에 부처님 말씀이 새겨져 있음. 뛰어난 고려의 목판 제조술, 조각술, 인쇄술을 알 수 있음.

김취려 장군 묘(강화도)
몽골군에 쫓긴 거란군이 고려에 들어오자, 이를 막아낸 김취려 장군의 묘. 신기하게도 강화와 울산 두 군데에 있어서, 후손들은 두 곳에서 김취려 장군의 제사를 지내고 있음.

 확인하기

01 몽골 부족을 통일하여 역사상 가장 넓은 제국을 만든 칭기즈 칸의 이름을 쓰세요.

☐ ☐ ☐

02 고려가 수도를 강화도로 옮긴 까닭으로 바르지 <u>못한</u> 것은 무엇일까요?

① 도읍인 개경에서 가까운 곳에 있었다.
② 몽골군은 바다를 본 적이 드물어 해전에 약했다.
③ 강화도에는 지켜야 할 귀한 문화유산이 많았다.
④ 강화도는 섬이지만 땅이 넓고 비옥하여 먹을거리가 풍부했다.

03 몽골과 고려에서 서로의 문화나 풍습이 유행한 것을 일컫는 말은 무엇일까요?

고려가 몽골의 문화나 풍습을 따랐다. ▶ (   )
몽골이 고려의 문화나 풍습을 따랐다. ▶ (   )

04 고려 시대 음식에 관한 설명 중 옳지 <u>않은</u> 것은 무엇일까요?

① 고려는 불교 국가여서 콩 요리, 나물과 해조류를 이용한 음식이 발달했다.
② 고려의 두부는 맛이 없어서 중국 황제가 싫어했다.
③ 고려인들은 소주를 마셨다.
④ 순대, 설렁탕과 같은 몽골 음식이 고려에 퍼져서 유행했다.

6장
교과서보다 친절한 문화, 문화재 이야기

500년의 긴 역사를 가진 고려의 문화와 문화재에 대해 알아보기로 해요.
가장 아름다운 청자, 부처의 힘으로 나라를 지키기 위해 만든 팔만대장경,
불교의 나라답게 수많은 불교 미술과 탑, 오래된 절들,
그리고 재밌는 후렴구로 유명한 고려가요, 시와 글도 빼놓을 수 없지요.
고려의 멋진 문화유산을 만나 볼까요?

992년
성종,
국자감을 설치함.

1068년
최충,
구재 학당을 세움.

1145년
김부식,
『삼국사기』를 펴냄.

1193년
이규보,
「동명왕편」을 펴냄.

1251년
팔만대장경을
완성함.

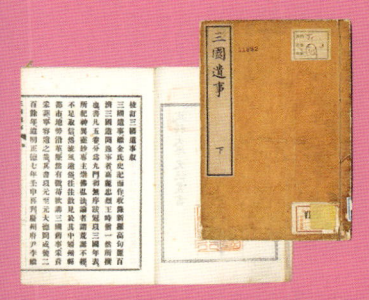

1281년
일연
『삼국유사』를 펴냄.

1323년
원나라 무역선,
신안 앞바다에 침몰함.

1362년
공민왕,
성균관을 개편함.

1376년
부석사 무량수전,
다시 재건됨.

1377년
최초의 금속 활자 책
『직지심체요절』을 펴냄.

천하제일 비색 고려청자, 상감 청자의 시대를 열다

세계에서 청자를 만들 수 있는 나라는 송나라와 고려뿐이었어요. 청자를 처음 만든 나라는 송나라였지만 하늘빛을 닮은 푸르른 빛깔은 고려의 것을 따라오지 못했지요. 송나라 사람들마저 감탄한 이 푸른 빛깔이 비색이에요. 그러나 고려 사람들은 비색 청자로 만족하지 않았어요. 푸른 바탕에 어울리는 무늬를 새겨 넣고 싶었던 거예요. 이때 한 도자기 장인이 아이디어를 냈어요.

"청자 표면에 홈을 파고 색이 다른 흙을 채운 후 구워 보자."

이 상감 기법으로 만든 청자는 푸른 바탕색에, 검고 하얀 무늬가 어우러져 무척 아름답고 화려했어요. 사람들은 이를 상감 청자라 했어요. 상감 청자는 다른 나라에서는 찾아볼 수 없는 고려의 자랑이에요.

청자 상감 운학문 매병

상감 청자는 어떻게 만들까?

① 반 건조된 도자기 표면에 1차로 무늬를 판다.

② 흰 흙을 바른다.

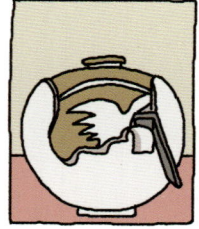
③ 흰 흙을 긁어낸다.

④ 붉은 흙이 들어갈 부분의 무늬를 판다.

⑤ 무늬 안에 붉은 흙을 채우고, 나머지는 긁어낸다.

⑥ 초벌구이를 한다.

⑦ 유약을 입히고 재벌구이를 한다.

⑧ 상감 청자가 완성된다.

고려 시대의 아름다운 청자들

청자 상감 연꽃 절지문 과형 주자

청자 투각 칠보문 뚜껑과 향로

청자 상감 모란 무늬 항아리

청자 참외 모양 병

청자박물관

강진 청자박물관

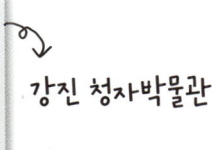
내가 만든 청자 어때? 청자박물관에서 만들어 봤어.

부안 청자박물관

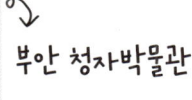
얼굴 무늬구나.

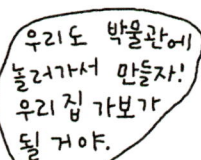

우리도 박물관에 놀러가서 만들자! 우리 집 가보가 될 거야.

백성들의 노래, 고려가요

고려인들은 노래 부르기를 즐겨했어요. 사랑 노래, 이별 노래, 고향을 그리워하는 노래 등 다양했지요. 고려 시대 백성들이 부르던 노래를 고려가요라고 해요. 이 노래에는 재미있는 후렴구가 있었어요. 특별한 뜻은 없지만 리듬감이 느껴지지요.
「청산별곡」이라는 노래에는
"얄리얄리 얄랑셩 얄라리 얄라"라는 후렴구가 나와요.

살어리 살어리랏다 청산에 살어리랏다
머루랑 다래랑 먹고 청산에 살어리랏다
얄리얄리 얄랑셩 얄라리 얄라

「동동」에는 "아으 동동다리", 「쌍화점」에는 "더러둥셩 다리러디러 다리러디러 다로러거디러 다로러"라는 후렴구가 나와요.
재미난 후렴구를 여러분도 따라 읊어 보세요.

고려가요 중에서 마음에 드는 후렴구를 소리 내서 읽어 보세요.

고려 제일의 문인, 이규보

고려 시대 최고의 작가는 누구일까요? 김부식, 정지상, 이제현, 이색 등 많은 이들이 있지만 먼저 이규보를 꼽을 수 있어요.
이규보는 고려 문화가 송나라에 못지않다고 생각했어요.
또한 우리 역사에 대한 자부심도 컸지요. 이규보가 고구려를 세운 주몽을 시로 노래한 「동명왕편」을 보면 알 수 있어요. 술이 주인공이 되어 도적을 물리친다는 이야기인 「국선생전」도 이규보의 재치를 알 수 있는 재미난 이야기예요.
이규보는 시도 잘 지었어요. 신부와 신랑이 장난치며 질투하는 시를 짓는가 하면, 도자기의 아름다움에 감탄하는 시도 지었어요.
이규보의 시를 감상해 볼까요?

내가 지은 시를 읊어 주니 참으로 고맙소.

「동명왕편」과 「국선생전」은 이규보가 쓴 『동국이상국집』 전집에 들어 있어요.

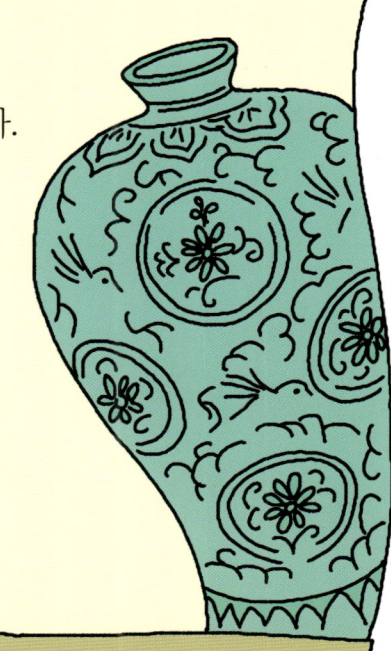

밝게 푸른 옥이 빛나니
몇 번이나 짙은 연기 속에 묻혔던가.
영롱함은 맑은 물을 닮았고
단단함은 바위와 대적할 정도라네.
흙을 이긴 솜씨 이제야 알겠으니
하늘의 재주를 빌려 온 듯하구나.
희미하게 꽃무늬 찍었는데
묘하게 정성스러운 그림 같네.

이규보, 「청자, 술잔」 중에서

역사를 알아야 고려를 지킨다!

외적을 물리쳤던 조상들의 이야기와 역사는 고려인들에게
우리 문화의 우수함을 알게 했고, 북방 민족의 침입을 이겨 내는
큰 힘이 되었어요. 그럼 고려의 역사책은 어떤 것이 있을까요?
삼국 시대의 역사를 알려 주는 김부식의 『삼국사기』와
일연 스님의 『삼국유사』는 우리나라에서 가장 오래된 역사책이에요.
이승휴의 『제왕운기』에는 고조선과 발해의 이야기가 담겨 있어요.
앞서 살펴본 이규보의 「동명왕편」도 고구려의 시조인 주몽의 이야기를
담았지요. 불교의 나라답게 불교 역사책도 있어요.
역사 속 유명한 스님들의 이야기를 담은 『해동고승전』은
고려를 대표하는 역사책이랍니다.

고려 때 만들어진 삼국 시대 역사책

김부식의 『삼국사기』
삼국의 역사를 자세히 적었어요.

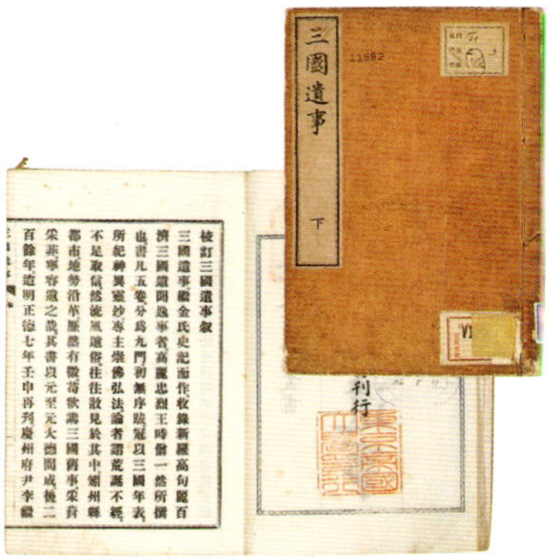

일연 스님의 『삼국유사』
전설과 설화, 인물의 이야기가 많이 실려 있어요. 특히 석굴암, 불국사, 성덕 대왕 신종 같은 불교 이야기가 많이 나온답니다.

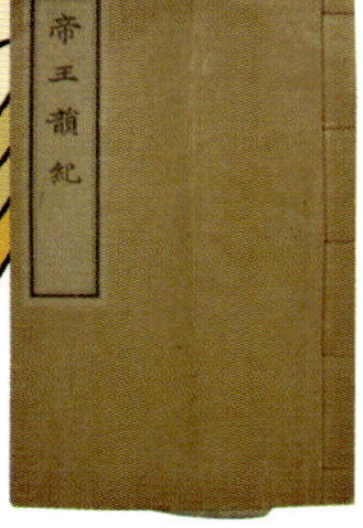

이승휴의 『제왕운기』
고조선과 발해의 이야기예요.

세계에서 가장 오래된 금속 활자 책

Q. 고려의 인쇄술은 유명한가요?

A. 고려는 세계에서 인쇄술이 가장 발달한 나라였어요.

Q. 세계에서 가장 오래된 금속 활자 책은 뭔가요?

A. 고려 시대에 만들어진 『직지심체요절』(1377년)이 오늘날 전해지는 금속 활자 인쇄본 중 가장 오래된 책이에요. 유럽에서 가장 오래된 구텐베르크의 성경 책보다 무려 78년이나 앞선 책이에요. 간단히 『직지』라고 부르곤 해요.

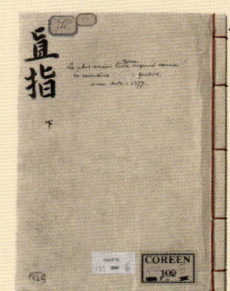
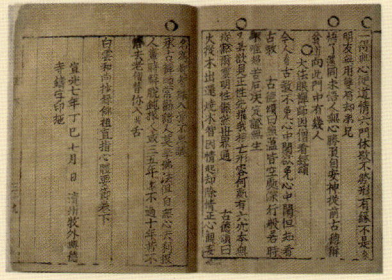

『직지』는 불교에서 전해지는 여러 이야기를 엮어서 만든 책이에요.

Q. 그 이전에 금속 활자로 만든 책은 없었나요?

A. 고려에서는 『직지』 이전에도 이미 금속활자로 책을 만들었어요. 『상정고금예문』은 기록을 통해 알 수 있는 가장 오래된 금속활자 책으로, 직지보다도 150년 앞서 인쇄를 했어요. 아쉽게도 남아 있지 않아요.

Q. 『직지』는 어떻게 프랑스에 가게 되었을까요?

A. 조선 말에 프랑스 외교관 콜랭 드 플랑시가 『직지』를 수집하여 프랑스로 가져갔어요. 그 후 앙리 베베르가 경매로 소유하게 되었고, 그가 죽은 뒤 프랑스국립도서관에 기증되었어요.

Q. 『직지』를 발견해 세상에 알린 사람은 누구인가요?

A. 역사학자 박병선 선생님이에요. 선생님은 프랑스국립도서관에서 근무하면서 중국 책 목록에서 『직지』를 찾아냈어요. 그분의 끈질긴 노력 덕분에 『직지』는 1972년 '세계 도서의 해' 기념 전시회에서 세계에서 가장 오래된 금속 활자 책으로 인정받았어요.

나라를 지키기 위해 만든 팔만대장경

고려 사람들은 외적의 침입과 같은 큰일이 생기면
부처님의 힘을 빌려 어려움을 이겨 내려고 했어요.
그래서 부처님 말씀을 모두 모아 놓은 대장경을 만들었어요.
몽골이 쳐들어오기 전 이미 대장경을 완성해 놓았어요.
이것을 초조대장경이라고 해요.
그런데 그만 몽골의 침입으로 그 대장경이 불타 없어졌어요.
사람들은 대장경을 다시 만들었는데, 그것이 팔만대장경이에요.

어떻게 만들었을까?

팔만대장경은 10년간 목판 8만여 장에 부처님 말씀을 새겨 만들었어요.
경판의 수가 8만 장이 넘고, 틀린 글자도 거의 없답니다. 이를 통해
고려의 목판 제조술, 조각술, 인쇄술이 얼마나 뛰어났는지 알 수 있어요.

① 나무를 잘라 바닷물에 2년간 담가 두기
② 나무를 알맞은 크기로 자른 뒤 소금물에 삶기
③ 바람이 잘 드는 그늘에서 1년간 말리기
④ 목판을 일정한 크기로 잘라 글자 새기기
⑤ 새긴 목판을 한 장씩 찍어 보고 틀린 글자 골라내기
⑥ 귀퉁이를 구리판으로 마감하고 옻칠을 해 보관하기

완성 — 대장경판

"팔만대장경은 유네스코 세계 기록 유산으로 등재되어 있대."

"장경판전은 유네스코 세계 문화 유산이고!"

어디에 보관했을까?

현재 팔만대장경은 합천 해인사 장경판전에 있어요.
장경판전은 대장경을 보관하기 위해 조선 시대 때 만든 건물이에요.
바람이 잘 통하도록 창을 내어 습기가 차지 않게 설계되어
지금까지도 잘 보관할 수 있는 거예요.

합천 해인사 장경판전

 **퀴즈**

팔만대장경은 글자가 8만 개다?

X. 팔만대장경은 8만 개가 넘는 글씨를 새긴 판이 8만 장이 넘는다는 뜻이에요.

부처와 보살을 그린 그림, 불화

고려는 우리 역사 속에서 불교가 가장 발달한 나라였어요.
고려 사람들이 만든 불교 미술은 이웃 나라에서도 탐을 낼 정도로
세련되고 뛰어난 예술 작품이 많았어요. 불교 미술 작품 중 빼어나기로
첫손가락에 꼽히는 건 부처와 보살을 그린 '불화'예요.
그중에서도 「아미타여래도」와 「수월관음도」는
불화 중에서도 섬세한 표현과 화려한 색깔로
세계적으로도 높은 수준이라는 평가를 받고 있어요.
그러다 보니 같은 불교 국가였던 일본에서는
오래전부터 고려 불화를 얻는 것이 소원일 정도였어요.
일본은 대가를 치르고 사 간 경우도 있었지만,
임진왜란 때처럼 약탈을 해 가기로 했어요.
안타깝게도 현재 우리나라에는
고려 불화가 약 십여 점만 남아 있답니다.

✏️ 부처와 보살을 그린 그림을 가리키는 말에 밑줄 그어 보세요.

수월관음도

고려 시대의 멋진 탑

고려는 불교 국가답게 세계적으로 인정받는 멋진 탑이 많아요.
첫 번째는 강원도 평창에 있는 월정사 팔각 9층 석탑이에요.
우리나라 탑 중에서 큰 편에 속하며, 고구려 때 만든 탑의 모습과
비슷해요. 고려 사람들은 고구려 사람들이 주로 만들었던
팔각형 모양으로 9층 탑을 만들었어요.
두 번째는 옛 백제 지역에 만들어진, 왕궁리 5층 석탑이에요.
백제의 정림사지 5층 석탑과 비슷한 이 탑은 얇은 날개들이
하늘로 올라가는 듯해요.
그다음 경천사지 10층 석탑은 일본으로 넘어간 것을 되찾아 와,
현재는 국립중앙박물관 실내에 전시되어 있어요. 다른 탑들과 달리
전체적으로 화려한 장식으로 조각되어 있답니다. 높이만 놓고 보면
우리나라 탑 중에서 다섯 손가락 안에 드는 아주 높은 탑이라
박물관 3층에 올라가야 맨 위쪽을 볼 수 있어요.
그리고 전라남도 화순 운주사에는 천불천탑이 있어요.
수십 개의 서로 다른 모양을 가진 탑과 불상이 계곡 사이에 모여 있는데
누가, 언제, 왜 만들었는지 아직도 밝혀지지 않은 신기한 탑이에요.

월정사 팔각 9층 석탑

왕궁리 5층 석탑

경천사지 10층 석탑

운주사 천불천탑

고려 앞바다에 가라앉은 신안 무역선의 유물들

중국 송·원나라 시대의 도자기를 가장 많이 가지고 있던 나라는 고려예요.
송·원나라 도자기가 무려 2만여 점이나 있어요. 어떻게 된 일일까요?
1975년 한 어부의 그물에 도자기가 걸려 올라오면서 밝혀지기 시작했어요.
길이 34미터, 폭 10미터가 되는 배가 바다에 가라앉아 있었던 거예요.
이 배는 원나라를 떠나 고려를 거쳐 일본으로 가던 배였는데,
풍랑을 만나 전라남도 신안 앞바다에 침몰된 채 있었어요.

배 안에는 그 당시 무역품이 고스란히 들어 있었어요.
도자기 2만여 점, 동전 약 800만 개, 물건의 종류와
이름이 적힌 목판, 선원들이 쓰던 생활용품 등
700여 년 전 송·원나라 유물들이 쏟아져 나왔지요.
신안 무역선의 발견은 우리나라 역사상
가장 위대한 해저 발굴로 손꼽혀요.
신안 무역선의 발견으로 해저 유물 발굴이 활발해져
지난 40여 년간 수십 척의 크고 작은 배가 더 발견되었어요.

청자 여인상
신안 무역선에서 발견되었어요.

고려 시대의 건축

돌과 달리 나무로 만든 건물은 화재나 자연재해에 약해 오래 보존하기가 어려웠어요. 특히 전쟁으로 불타 버리는 경우가 많았지요.
고려 만월대(현재 북한 송악산에 위치)도 13개의 성문과 15개의 궁문, 수십 채가 넘는 거대한 전각으로 이뤄졌었는데, 안타깝게도 고려 말 홍건적의 침입 때 모두 불타 버리고 말았답니다.
그런데 600년이 넘도록 원래의 모습을 간직한 채 지금까지 남아 있는 건축물들이 있답니다. 모두 고려 시대의 것들이에요.
안동 봉정사의 극락전, 영주 부석사의 무량수전, 예산 수덕사의 대웅전이 그 주인공들이에요. 이 세 건물은 웅장하고 꾸밈이 적은 것이 특징이에요.
모두 국보로 지정되어 보존하느라 단청을 함부로 칠할 수도 없어요.

* **단청**: 옛날 집의 벽, 기둥 등에 여러 색으로 그림이나 무늬를 그림.

 # 고려에는 어떤 학교가 있었을까?

고려는 나라를 세우자마자 제일 먼저 학교부터 세웠어요.
나라를 위해 일할 뛰어난 인재를 기르기 위해서예요.
지방의 큰 고을에는 향교를 만들고, 향교가 없는 곳은
경서에 능통하고 책을 많이 본 박사를 보내 교육을 했어요.
도읍지 개경에는 최고의 교육 기관인 국자감을 만들었어요.
고려 최고의 학교인 국자감은 훗날 성균관으로 이름이 바뀌었고
조선 시대까지 이어졌어요.

***경서**: 「논어」, 「맹자」 등 유교 사상을 써 놓은 책.
***박사**: 가르치는 임무를 수행하는 벼슬.

명재상으로 이름을 떨친 최충은 학문이 뛰어나고 제자를 많이 길러
'해동공자'라는 별명이 생겼을 정도예요. 조정에서 물러난 최충은
장차 나라를 위해 일할 학생들을 가르치기로 결심했어요.
이 소문을 듣고 전국에서 학생들이 몰려들었는데
그 수가 너무 많아 아홉 개의 교실로 나누었어요. 그곳이 바로 구재 학당이에요.
최충의 제자들이 과거에 많이 합격하자 이와 비슷한 학당이 전국 각지에
열한 개나 생겼어요. 이런 학당들이 우리나라 최초의 사교육이자, 사립 학교예요.

공민왕의 꿈이 담긴 성균관

공민왕은 고려의 대표 학교 국자감을 성균관으로 바꾸고
교육 방법에도 큰 변화를 주었어요. 그는 원나라가 점점
약해지는 모습을 보면서 더욱 고려의 새로운 미래를 꿈꾸었어요.
우선 몽골 풍습을 없애고 고려의 고유한 풍습을 되살리기 위해 애썼어요.
또한 유학을 발달시켜 혼란스러운 나라의 질서를 바로잡고자 했지요.
그래서 왕이 되자마자 성균관의 수업을 완전히 바꾸었지요.
기술학은 따로 분류하고, 예법, 역사, 시, 문장 등 유학을 중심으로
수업을 바꾸었어요. 하지만 공민왕은 꿈을 다 이루지 못하고
갑자기 세상을 떠났어요. 슬픔도 잠시 성균관 박사와 학생들은
유학을 받드는 새로운 나라 조선을 탄생시키며
공민왕이 못다 이룬 꿈을 이뤄 냈어요.

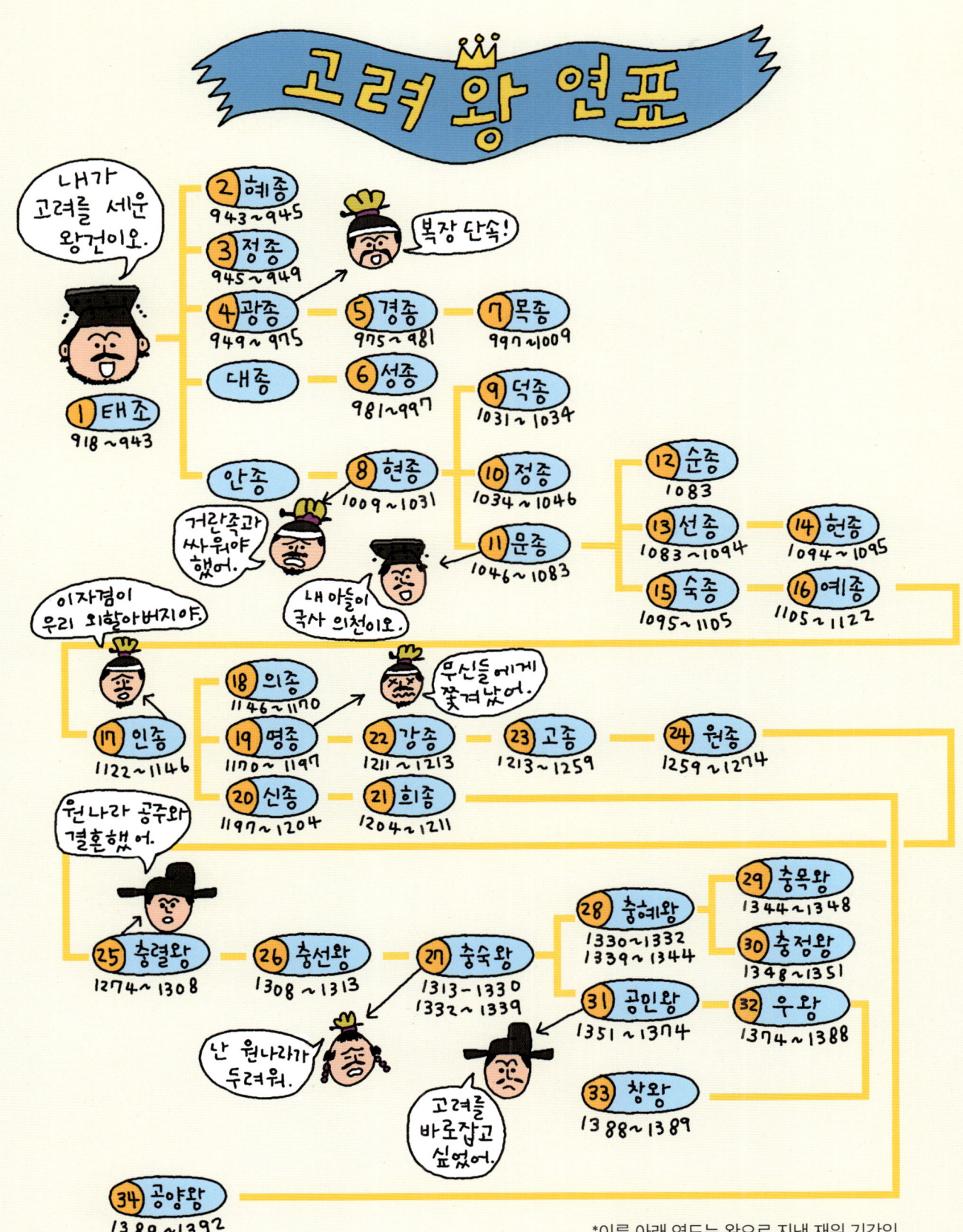

이 책에 실린 사진들

이 책에 실린 사진들은 저작권자의 허락을 받았으며, 사진들의 일부는 비용을 지불하고 사용을 허락받았습니다.
아울러 공공누리 저작물의 이용 조건에 맞게 수록하였습니다.
이 책의 사진들을 고르는 데 여러 가지로 조언해 주신 국립경주문화재연구소 임주희 선생님과
사진을 실을 수 있도록 허가해 주신 여러 기관과 담당자분들께 감사를 드립니다.

013	**성덕 대왕 신종**-경상북도청	
027	**순천 선암사 선각국사 도선 진영**-선암사 성보박물관	
032	**국립경주박물관**-한국관광공사/ **청해진 유적지**-완도군청	
033	**성덕 대왕 신종**-경상북도청/ **장보고 동상**-완도군청	
057	**청자 주름 무늬 항아리, 나전 칠 상자**-국립중앙박물관/ **화문석**-국립민속박물관/ **인삼**-aT 아그라푸드	
061	**안동 태사묘**-한국관광공사/ **국립중앙박물관**-한국관광공사	
	나전 칠 합, 청자 모란무늬 수막새, 청자 원숭이 모양 도장-국립중앙박물관	
086	**전쟁기념관**-전쟁기념관/ **강감찬 전시관**-관악구청	
087	**윤관 영정(무관, 문관), 윤관 신도비**-문화재청/ **강감찬 동상(낙성대)**-관악구청	
106	**보조국사 지눌 진영**-송광사 성보박물관	
107	**송광사**-한국관광공사	
113	**원인재**-한국관광공사/ **선원사지**-문화재청/ **최충헌 묘지명 탁본**-국립제주박물관/ 『**삼국사기**』-국립중앙박물관	
138	**운주사**-화순군청/ **충주박물관**-한국관광공사	
139	**팔만대장경 경판**-강화역사박물관/ **김취려 장군 묘(강화도)**-강화군청	
140	『**삼국사기**』-국립중앙박물관/ **팔만대장경 경판**-강화역사박물관	
141	『**삼국유사**』-국립중앙박물관/ 『**직지심체요절**』-청주고인쇄박물관	
143	**청자 상감 연꽃절지문 과형 주자**-고려청자박물관	
	청자 투각 칠보문 뚜껑과 향로, 청자 참외 모양 병, 청자 상감 모란 무늬 항아리-국립중앙박물관	
	강진 청자박물관-강진군청/ **부안 청자박물관**-부안군청	
146	『**삼국사기**』 표지와 내지 펼침면, 『**삼국유사**』 표지와 내지 펼침면-국립중앙박물관/ **이승휴** 『**제왕운기**』-삼척시립박물관	
147	『**직지심체요절**』 표지와 내지 펼침면-청주고인쇄박물관	
148	**팔만대장경 경판**-강화역사박물관	
149	**장경판전**-합천군청	
150	**수월관음도**-국립중앙박물관	
151	**월정사 팔각 9층 석탑**-평창군청/ **왕궁리 5층 석탑**-익산시청/ **경천사지 10층 석탑**-국립중앙박물관/ **운주사**-화순군청	
152	**청자 여인상**-국립중앙박물관